ANDRÉS JAQUE

OFFICE FOR

POLITICAL INNOVATION

TRANSMATERIAL

ARQ
ediciones

ESCUELA DE ARQUITECTURA
FACULTAD DE ARQUITECTURA, DISEÑO
Y ESTUDIOS URBANOS

DIRECTOR
ESCUELA DE ARQUITECTURA UC
Emilio De la Cerda E.

SUBDIRECTOR DE EXTENSIÓN
ARQUITECTURA UC
Francisco Quintana O.

EDITOR GENERAL EDICIONES ARQ
Francisco Díaz P.

EDITADO POR EDICIONES ARQ
El Comendador 1936
Providencia, Santiago,
Chile [753 0092]
TEL. (562) 2686 5630

www.edicionesarq.cl
libros@edicionesarq.cl
revista@edicionesarq.cl
www.scielo.cl/arq.htm

ARQ DOCS es una serie realizada por Ediciones ARQ de la Escuela de Arquitectura UC, con el apoyo de la Facultad de Arquitectura, Diseño y Estudios Urbanos (FADEU) de la Pontificia Universidad Católica de Chile.

ANDRÉS JAQUE, OFFICE FOR POLITICAL INNOVATION: TRANSMATERIAL
© Ediciones ARQ, Pontificia Universidad Católica de Chile.
© Textos: el autor
© Imágenes: Office for Political Innovation (a menos que se indique lo contrario).

DERECHOS RESERVADOS: Ninguna parte de esta publicación, incluído el diseño de la cubierta, puede reproducirse o transmitirse por ningún medio, sea éste químico, mecánico, óptico o de fotocopia, sin previa autorización escrita de Ediciones ARQ.
ISBN: 978-956-9571-30-5

EDICIÓN: Francisco Díaz, Francisco Quintana
PRODUCCIÓN GRÁFICA: Carolina Valenzuela
PRODUCCIÓN EDITORIAL: Lucía Galaretto
CORRECCIÓN DE ESTILO: Gabriela Cancino
DISEÑO: Trinidad Sánchez
TRADUCCIONES: Lucía Galaretto, Blanca Valdés
IMPRESIÓN: Print on demand version

Primera edición
Santiago de Chile, diciembre de 2017

Esta publicación ha sido posible gracias a el apoyo de:

ANDRÉS JAQUE
OFFICE FOR POLITICAL INNOVATION

— Transmaterial

ARCHITECTURE, ON ANOTHER PLANE

FRANCISCO DÍAZ
Editor General / Editor in Chief, Ediciones ARQ

In his classic text "The Author as Producer" (1934), Walter Benjamin raised a question that still haunts us today: "Rather than asking, 'what is the attitude of a work to the relations of production of its time?' I would like to ask, 'what is its position in them?'"[1] Paraphrasing Benjamin is useful for understanding the role of Andrés Jaque and the Office for Political Innovation in our discipline today: instead of asking what is the attitude of architecture towards contemporary dynamics, Jaque and his team would rather ask what is the position of architecture within these dynamics. It's this same ability to place the discipline on another plane that makes Jaque's work difficult to understand for some, and fascinating for others.

Questions are what characterize this Spanish office: both the ones they pose as well as the ones posed by those who admire their work. Jaque and his team do not ask the typical questions that an architect would ask his client 'what is it that you want?' or 'how would you like it to be?' rather, they sharply interrogate the situations they face until finding what only infinite curiosity could discover. However, for those of us who observe their work the question remains: 'why did it never occur to me to see the problem that way?'

I was lucky enough to meet Andrés Jaque in 2012, when "Ikea Disobedients" was not yet acquired by MoMA[2] and when he had still not gained the global recognition achieved today. In a long session in New York on March 23,[3] Jaque gave two presentations: the first one showed his adventures inside the Barcelona Pavilion's basement – a work that in 2013 would be exhibited in that same pavilion under the name "Mies as Rendered Society" – while the second, entitled "Politics Go Home", analyzed contemporary domestic imaginaries beginning with television series such as "Little House on the Prairie" or "Heidi". Thus, the young architect showed the key to his work: how the analysis of what may seem most banal and insignificant allows for the reconstruction of a

En su clásico texto "The Author as Producer" (1934), Walter Benjamin proponía una cuestión que nos acecha hasta hoy: "En vez de preguntar ¿cuál es la actitud de una obra hacia las relaciones de producción de su tiempo?, quisiera preguntar: ¿cuál es su posición dentro de ellas?"[1] Parafrasear a Benjamin es útil para entender el rol de Andrés Jaque y Office for Political Innovation en la arquitectura actual: en lugar de preguntar cuál es la actitud de la arquitectura hacia las dinámicas contemporáneas, Jaque y su equipo preguntan cuál es la posición de la arquitectura dentro de esas dinámicas. Es esa capacidad de poner a la arquitectura en 'otro plano' lo que convierte al trabajo de Jaque en algo difícil de entender para algunos, y en algo realmente fascinante para otros.

Si hay algo que caracteriza a esta oficina española son las preguntas. Tanto las que ellos hacen como las que nos hacemos quienes apreciamos su trabajo. Jaque y su equipo no hacen las preguntas típicas de un arquitecto a su cliente ('¿qué quiere?' o '¿cómo le gustaría que fuera?'), sino que interrogan perspicazmente las situaciones a las que se enfrentan hasta dar con aquello que sólo una curiosidad infinita podría descubrir. Para quienes observamos desde fuera, sin embargo, la pregunta es siempre la misma: '¿por qué nunca se me ocurrió ver el problema de esa forma?'.

Tuve la suerte de conocer a Andrés Jaque en 2012, cuando el MoMA todavía no compraba "Ikea Disobedients"[2] y cuando él aún no alcanzaba el reconocimiento global que hoy tiene. En una maratónica sesión en Nueva York el 23 de marzo de ese año[3], Jaque hizo dos presentaciones: en la primera mostró sus aventuras en el subsuelo del Pabellón de Barcelona – trabajo que en 2013 expondría en el mismo pabellón bajo el nombre de "Mies as Rendered Society" – y en la segunda, titulada "Politics Go Home", analizaba los imaginarios domésticos contemporáneos a partir de series televisivas como "La pequeña casa en la pradera" o "Heidi". Así, este joven arquitecto proponía la clave de su trabajo: cómo

whole system of social representations (politics) that define interactions (also political) not necessarily determined by architectural form.

Following his track I knew of "Escaravox" (2012), his activating device for Matadero Madrid; "Superpowers of Ten" (2013), a performance developed for the Lisbon Triennale reinterpreting a 1977 documentary by the Eames; "Sales Oddity", his installation at the 2014 Venice Biennale that would be awarded the Silver Lion to the best research project; or Cosmo (2015), his proposal for YAP PS1 in New York, where a strange artifact described the politics of water.

These projects are located on a plane where what matters is interaction between different media, built form being only one among a number of those. Indeed, Jaque is not afraid to dismiss form if it is not really necessary: instead of considering it an a priori objective (a 'pre-judice'), the work of the Office for Political Innovation starts from an unprejudiced view, moving freely between research, writing, ethnography, design and performance – for them, any of these could be a possible architectural product.

Such an unprejudiced view, however, should not be confused with disinterest, for it is born out of genuine curiosity. The difference is that instead of thinking how the environment 'should be' – which leads to the usual mistake of instrumentalizing the questions to make them fall into form-related answers – here the inquiry simply tries to understand 'how a situation is', to only then observe the possible role that architecture could play within these dynamics. That is, research itself becomes the project.

In this project-research dialectic, "the role of architecture – with the recognition that in any situation there is already a projection and an intelligence going on – is totally different. The objective is not to provide an order to previously disorganized entities or contexts but to deal with the social structures that are already contained in those contexts."[4] The tools to operate in these new contexts are on another plane, based on logics different from those we know in architecture. This ARQ DOCS presents some of them. Hopefully we can read them with the same unprejudiced point of view from which Jaque reads reality.

el análisis de aquello que parece más banal e ínfimo permite reconstruir todo un sistema de representaciones sociales (políticas) que definen interacciones (también políticas) no necesariamente determinadas por la forma arquitectónica.

Siguiéndole la pista supe de "Escaravox" (2012), su dispositivo de activación del Matadero Madrid; "Superpowers of Ten" (2013), una performance realizada para la Trienal de Lisboa que reinterpretaba un documental realizado por los Eames en 1977; "Sales Oddity", su instalación en la Bienal de Venecia 2014 que le valdría el León de Plata al mejor proyecto de investigación; o Cosmo (2015), su propuesta para el YAP PS1 de Nueva York donde un extraño artefacto describía las políticas del agua.

Dichos proyectos se ubican en un plano donde lo importante es la interacción entre distintos medios, siendo la forma construida sólo uno entre varios. Es más, Jaque no teme descartar la forma si no es realmente necesaria: en vez de considerarla como un objetivo a priori (un 'pre-juicio') el trabajo de Office for Political Innovation parte del desprejuicio, moviéndose con soltura entre investigación, escritura, etnografía, proyecto o performance, pudiendo cualquiera de ellas ser un posible resultado arquitectónico.

Este desprejuicio, sin embargo, no debe confundirse con desinterés, pues nace de una curiosidad genuina por la realidad. La diferencia es que en vez de pensar 'cómo debería ser' el entorno (lo que lleva al error habitual de instrumentalizar las preguntas para hacerlas caer en una respuesta formal), aquí la interrogación trata simplemente de entender 'cómo es' para luego observar cuál es el lugar que la arquitectura puede tener en esas dinámicas. Es decir, la investigación es el proyecto.

En esta dialéctica proyecto-investigación, "el papel de la arquitectura – reconociendo que en cualquier situación ya hay una proyección y una inteligencia en marcha – es totalmente distinto. El objetivo no es dar un orden a entidades o contextos previamente desorganizados, sino vérselas con las estructuras sociales que ya están contenidas en esos contextos"[4]. Las herramientas para operar en esos nuevos contextos están en otro plano, basado en lógicas distintas a las que conocemos en arquitectura. Este ARQ DOCS presenta algunas de ellas. Ojalá sepamos leerlas con el mismo desprejuicio con que Jaque lee la realidad.

NOTES

1 — Walter Benjamin, "The Author as Producer" (1934). In: Walter Benjamin, *The work of art in the Age of its Technological Reproductibility and Other Writings on Media*. (Cambridge, MA: The Belknap Press of Harvard University Press, 2008), 81.

2 — This is the first time a performance becomes part of the museum's permanent collection.

3 — In the context of the Seminar "Promiscuous Encounters", curated by CCCP program students at Columbia University.

4 — "An Interview On Interviews. Andrés Jaque in conversation with Patrick Joseph Craine and Rodrigo Valenzuela Jerez". ARPA *Journal*, Issue 01 "Test Subjects". Published June 17, 2014. Accessed 23 December, 2016 <http://www.arpajournal.net/an-interview-on-interviews/>

NOTAS

1 — Walter Benjamin, "The Author as Producer" (1934). En: Walter Benjamin, *The work of art in the Age of its Technological Reproductibility and Other Writings on Media*. (Cambridge, MA: The Belknap Press of Harvard University Press, 2008), 81.

2 — Se trata de la primera vez que una performance pasa a formar parte de la colección permanente del museo.

3 — En el marco del seminario "Promiscuous Encounters", curado por estudiantes del programa CCCP de la Universidad de Columbia.

4 — "An Interview On Interviews. Andrés Jaque in conversation with Patrick Joseph Craine and Rodrigo Valenzuela Jerez". ARPA *Journal*, Nro. 01 "Test Subjects". Publicado el 17 de junio de 2014. Accedido el 23 de diciembre de 2016 <http://www.arpajournal.net/an-interview-on-interviews/>

ANDRÉS JAQUE
OFFICE FOR POLITICAL INNOVATION

— Transmaterial

TRANSMATERIAL refers to the way architecture is produced by the interaction between processes developed through the coordination of different material media (the built environment, the biology of beings, the online interaction). This notion can be found in research-based projects as well as in design projects. These works rethink daily life as the trans-enactment of heterogeneous technologies, materialities, performativities and practices.

TRANSMATERIAL se refiere a la forma en que la arquitectura es producida por la interacción entre procesos desarrollados a través de la coordinación de distintos medios materiales (el entorno construido, la biología de los seres, la interacción *online*). Esta noción se puede encontrar tanto en proyectos de investigación como de diseño. Estos trabajos repiensan la vida cotidiana como la puesta en escena de tecnologías, materialidades, performatividades y prácticas heterogéneas.

COSMO

— Give me a pipe and 1 will change the world

ARQUITECTOS / ARCHITECTS
Andrés Jaque / Office for Political Innovation

EQUIPO / TEAM
Andrés Jaque, Patrick Craine, Jocelyn Froimovich, Roberto González García, Laura Mora, Sebastian Bech-Ravn, Yannan Chen, Ilgaz Kayaalp, Nicolò Lewanski, Jorge López Conde, Senne Meesters, Laura Mora, Jorge Noguera Facuseh, James Quick, Jarča Slamova.

UBICACIÓN / LOCATION
Nueva York, NY, USA

CLIENTE / CLIENT
MOMA PSI YAP

INGENIERÍA ESTRUCTURAL / STRUCTURAL ENGINEERS
BAC Engineering and Consultancy Group: Xavier Aguiló i Aran, Rodrigo Martín, Jaume Vallès, Hugo Diez.

AÑO DE PROYECTO / PROJECT YEAR
2014 - 2015

AÑO DE CONSTRUCCIÓN / CONSTRUCTION YEAR
2015

COSMO

Over 2 billion gallons of waste and storm water circulate under New York City every day, along 7,549 miles of sewers. Every time New York gets more than 1 inch of rain per hour, 5 million gallons of sewage is dumped directly into the East River, causing beach closures, algae blooms, increased carcinogens and suspended solid and chemical waste, making it impossible for watersheds to regenerate. Water has become the most valuable resource, and we must engage in a discussion about it. Therefore, witnessing the transformations of water and dealing with them could be the most celebrative way for humans and non-humans to get together.

GIVE ME A PIPE AND I WILL MOVE THE EARTH:
RETHINKING PIPING AS A WAY TO REINVENT DAILY LIFE.

COSMO is a machine made of pipes that transform water. It's an extraordinary assemblage of ordinary elements that allow 3,000 gallons of water (coming from New York City's sewage system) to circulate through a series of ecosystems capable of filtering and positioning water as the arena for a transhuman pact of interspecies compatibility.

COSMO settles and transforms particles suspended in water, balances its PH, metabolizes its nitrates and phosphates, and increases the level of dissolved oxygen within it.

COSMO reclaims visibility. By manifesting what is normally hidden, it becomes possible to enjoy and gain awareness of the potential for global community development that is underlying in the transformation of water geographies.

Con 12.150 km de alcantarillado, más de 7 millones de m³ de aguas residuales circulan diariamente bajo Nueva York. Cada vez que la precipitación en la ciudad supera los 2,5 cm por hora, 19.000 m³ de aguas contaminadas se vierten directamente al East River, causando en muchos casos el cierre de playas, floraciones de algas, el aumento de agentes cancerígenos y de residuos sólidos suspendidos en el ecosistema acuático de la ciudad. En un momento en que el verdor y la pureza de los recursos naturales se ha fetichizado, mientras la contaminación se desplaza a entornos distantes de los centros de poder, la posibilidad del acceso a lo político se disputa en parte en la manera que se discute el agua y su toxicidad.

DAME UNA TUBERÍA Y MOVERÉ LA TIERRA:
REPENSANDO LAS TUBERÍAS COMO UNA FORMA DE REINVENTAR LA VIDA COTIDIANA

COSMO es un sistema de tuberías que transforma el agua. Es un conjunto de elementos ordinarios ensamblados de una manera novedosa con el objetivo de hacer circular 11.350 litros de agua contaminada (proveniente del alcantarillado de Nueva York) a través de una serie de ecosistemas capaces de modificar la composición del fluido, haciendo del agua el escenario de un pacto transhumano renovado que aporte compatibilidad entre especies.

COSMO decanta, descompone y metaboliza las partículas suspendidas en el agua, equilibra su PH, consume sus nitratos y fosfatos, y aumenta su nivel de oxígeno diluido.

COSMO reclama visibilidad. Al mostrar lo que normalmente se oculta, su diseño busca posibilitar el disfrute y la concientización sobre el potencial de interacción colectiva de los procesos de transformación contenidos en las geografías acuáticas.

COSMO is also a place for critical gathering where shade, evaporation and air depression, provide the conditions for humans to renegotiate their relationship with biological and geological others.

TRANSMATERIAL COSMO

COSMO expands from the offline world into the online. Its water is equipped with sensors that scrutinize the evolution of its levels of nitrates, dissolved oxygen, turbidity, orp (oxidation reduction potential), temperature, PH and electrical conductivity. This information is available in the app cosmomomaps1, from which a community of more than 4,000 users distributed around the world follow its evolution, and turn the discussion into a network of dispersed but connected conversations.

cosmo is designed as both an offline and an online prototype. Its purpose is to trigger insight and to be easily reproduced, delivering drinking water as a result of an arena for interspecies recomposition. Due to a complex biochemical design, its stretched-out plastic mesh glows automatically whenever the water is rendered compatible for human and microbiological entities.

COSMO es un lugar de encuentro crítico, en el que la sombra, la evaporación y la baja presión del aire favorezcan las condiciones ambientales para que los humanos renegocien confortablemente su relación con 'otros' biológicos y geológicos.

COSMO TRANSMATERIAL

COSMO expande el mundo *offline* en el *online*. Está equipado con sensores que analizan la evolución de los niveles de nitratos, oxígeno disuelto, turbidez, potencial REDOX (reducción-oxidación), temperatura, PH y conductividad eléctrica del agua. Esta información está disponible en la app COSMOMOMAPSI, desde la cual una comunidad de más de 4.000 personas distribuidas alrededor del mundo siguen su evolución, y convierten la discusión en una red de conversaciones dispersas en la distancia, pero conectadas.

COSMO está diseñado tanto como un prototipo *offline* como *online*. Su propósito es incrementar la percepción y criticalidad compartida, y ser fácilmente reproducido. Cualquiera puede hacerse un COSMO siguiendo las instrucciones que difundimos a través de youtube.com. COSMO es el desencadenante de una red de 7 COSMOS que en estos momentos operan en distintas partes del mundo.

ANDRÉS JAQUE · OFFICE FOR POLITICAL INNOVATION | TRANSMATERIAL

Imágenes de proyecto / Project images

Planta / Floor plan

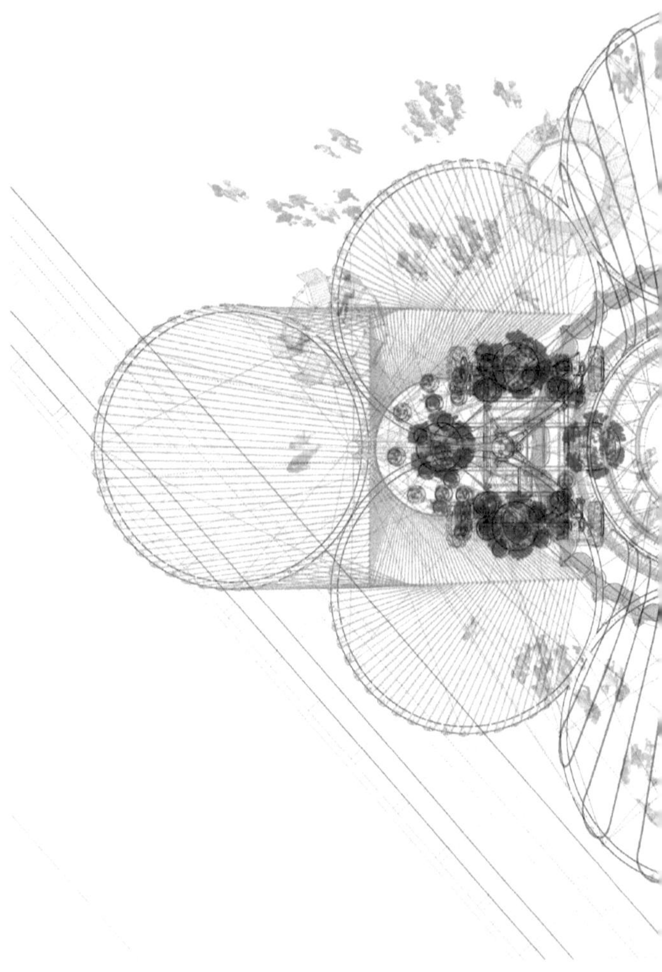

 ANDRÉS JAQUE · OFFICE FOR POLITICAL INNOVATION | TRANSMATERIAL

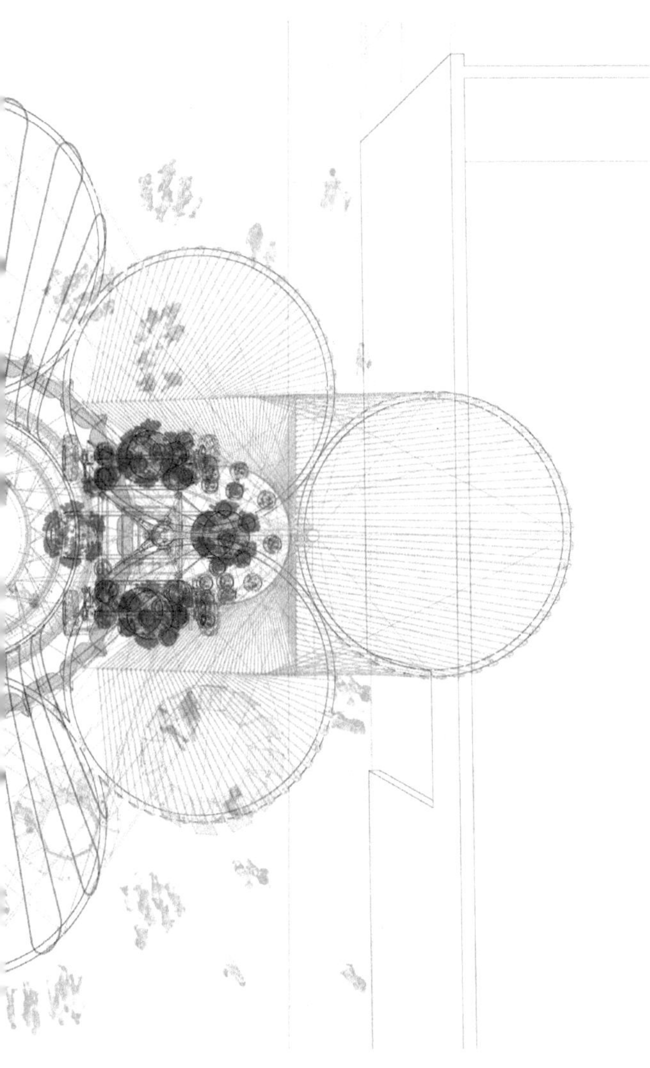

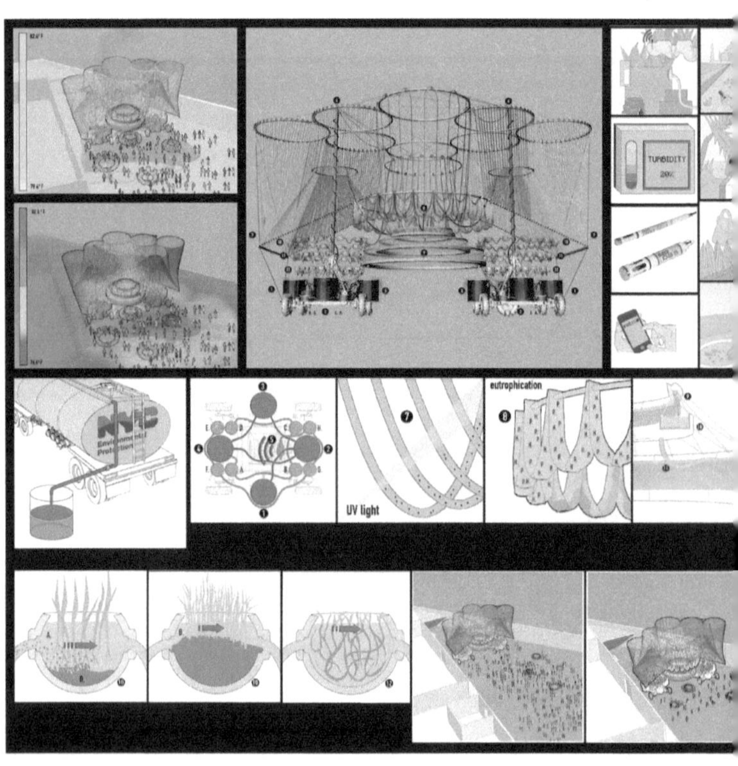

TURBIDITY
20%
eutrophication
UV light
NYC
Environmental
Protection

Partes / Parts

LEYENDA / LEGEND

Newton Creek Water Treatment Plant

1 Reactor aeróbico abierto / Open aerobic reactor

2, 3, 4 Reactor anaeróbico hermético / Closed anaerobic reactors

5 Bomba de agua/ Water pump

7 Manguera transparente / Transparent hose

8 Células de algas / Algae cells

9 Tubo perforado / Perforated pipe

10 Canaleta perimetral / Perimeter gutter

11 Manguera de conexión / Connecting hose

12 Pantallas de césped de algas / Algal turf screens

A, B, C, D Humedal artificial para clarificación / Clarifier artificial wetland

E, F, G, H. Humedal flotante / Floating wetland

h: Hidrógeno / Hidrogen

p: Fósforo / Phosphorus

ANDRÉS JAQUE · OFFICE FOR POLITICAL INNOVATION | TRANSMATERIAL

© Miguel de Guzmán

ESCARAVOX

— Assemblages of unattended rural infrastructures,
reprogrammed as a voice-giving-public-devices

ARQUITECTOS / ARCHITECTS
Andrés Jaque / Office for Political Innovation

EQUIPO / TEAM
Ruggero Agnolutto (Project leader)
Fernando Arocha, Ángela Bailén, Almudena Basabe, Elisa Bua, Álvaro Carrillo, Catalina Corredor, Roberto González García, Michal Just, Jorge López Conde, Marco Marcelletti, Paola Pardo, Khristian Serena, Patrycja Stal, Dagmar Stéeova, Silvie Talackova.

UBICACIÓN / LOCATION
Madrid, España

CLIENTE / CLIENT
Matadero Madrid

CONSULTORES / CONSULTANTS
Structures BomaImpasa

AÑO DE PROYECTO / PROJECT YEAR
2012

AÑO DE CONSTRUCCIÓN / CONSTRUCTION YEAR
2012

ESCARAVOX

In Madrid, contemporary art centers and other large cultural institutions tend to be concentrated along the central axis that joins Avenida de América with Legazpi Square. On the other hand, independent and creative artistic, political, literary and advocacy organizations are evenly scattered throughout the city's extensive territory. Considered in their overall dimension these groups constitute the largest cultural infrastructure in the city, but one seldom empowered by central contemporary cultural institutions.

By means of a scaling-up-through-infrastructural-association strategy, Escaravox endows Matadero Madrid with material devices and institutional protocols to prompt a connection between independent groups and Matadero's public, so that independent groups can be rendered part of a broader context. To achieve this, the scheme equips the open spaces of Matadero with varied types of large-span mobile structures supporting sound-amplifying systems, stage lighting, and audiovisual projection systems, so that in combination with sliding stands, they may serve as auxiliary structures for public performances. The use of these facilities is organized following the conventions of the local municipal tennis courts, which are booked by the hour.

The structure's materials are based on the idea of an odd assemblage of inexpensive elements: irrigation systems, polythene fabric from the greenhouse of the Spanish province of Almería, and cheap plastic chairs. A composition of ready-mades that uses existing technologies in ways different from their original intent.

En Madrid, los centros de arte contemporáneo y las grandes instituciones culturales tienden a concentrarse espacialmente en el eje que une la avenida de América con la plaza de Legazpi. Por el contrario, las organizaciones artísticas, políticas, literarias o de ayuda social independientes se distribuyen por toda la ciudad. Considerados en su dimensión total, estos grupos constituyen la mayor infraestructura cultural de la ciudad, pero rara vez son acogidos por las instituciones centrales de la cultura contemporánea.

Los Escaravox tienen como objetivo dotar al centro de cultura contemporánea de Matadero Madrid de unos elementos de sombra que hagan posible el uso de su plaza durante los meses de verano. Como objetivo adicional, los Escaravox han sido desarrollados para aportar a Matadero Madrid los dispositivos materiales y los protocolos institucionales necesarios para fomentar una conexión entre los grupos independientes y los públicos que Matadero convoca. Son estructuras móviles con luces estructurales que superan los 40 m, equipadas con sistemas de amplificación de sonido, iluminación escénica y proyección audiovisual para que, en combinación con soportes y gradas deslizantes, puedan servir como estructuras auxiliares para performances públicas. El uso de estas instalaciones se organiza siguiendo las convenciones de las canchas municipales de tenis, que se reservan por horas.

Los Escaravox han sido construidos por medio de materiales y sistemas económicos, producidos de manera masiva: sistemas de riego, mallas de polietileno del invernadero de la provincia española de Almería, o sillas de plástico baratas. Una composición de *ready-mades* que utiliza las tecnologías existentes en formas distintas a su intención original.

Ofimovil / Mobile office

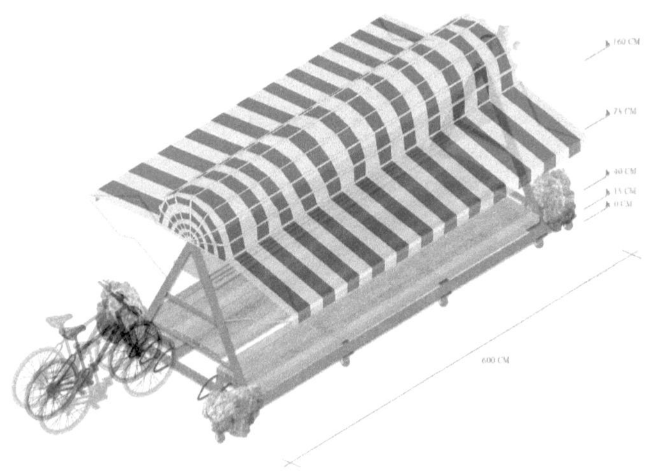

Siestero/ Nap place

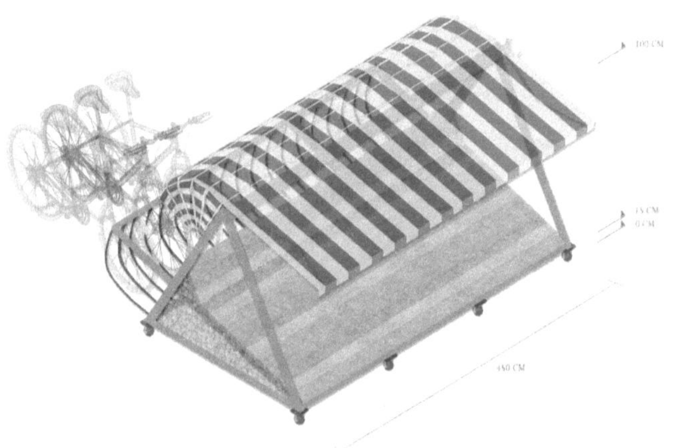

ANDRÉS JAQUE · OFFICE FOR POLITICAL INNOVATION | TRANSMATERIAL

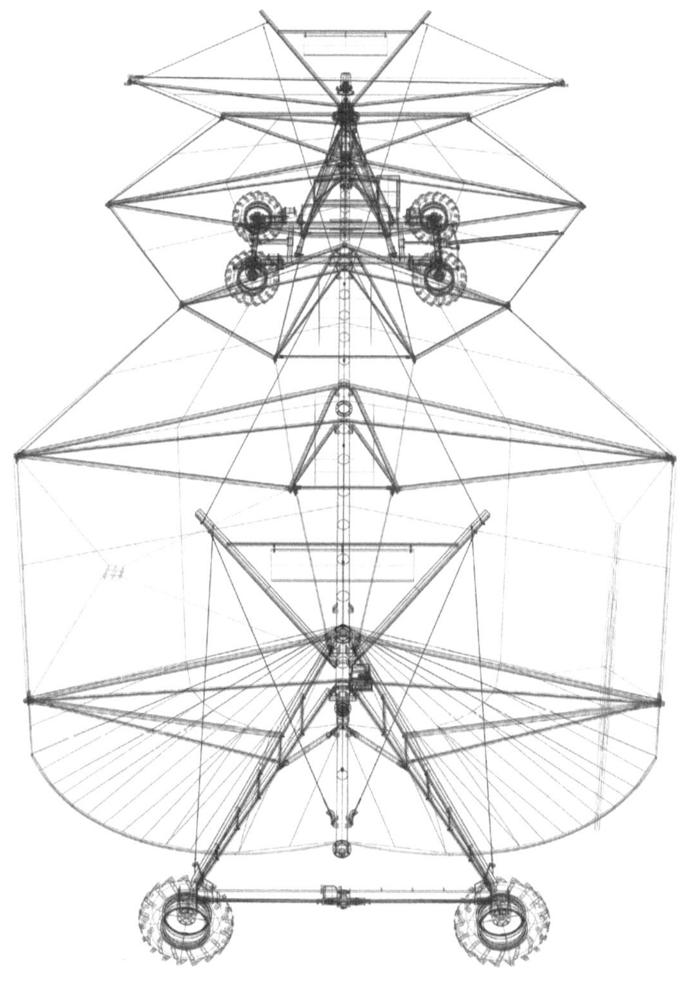

escaravox

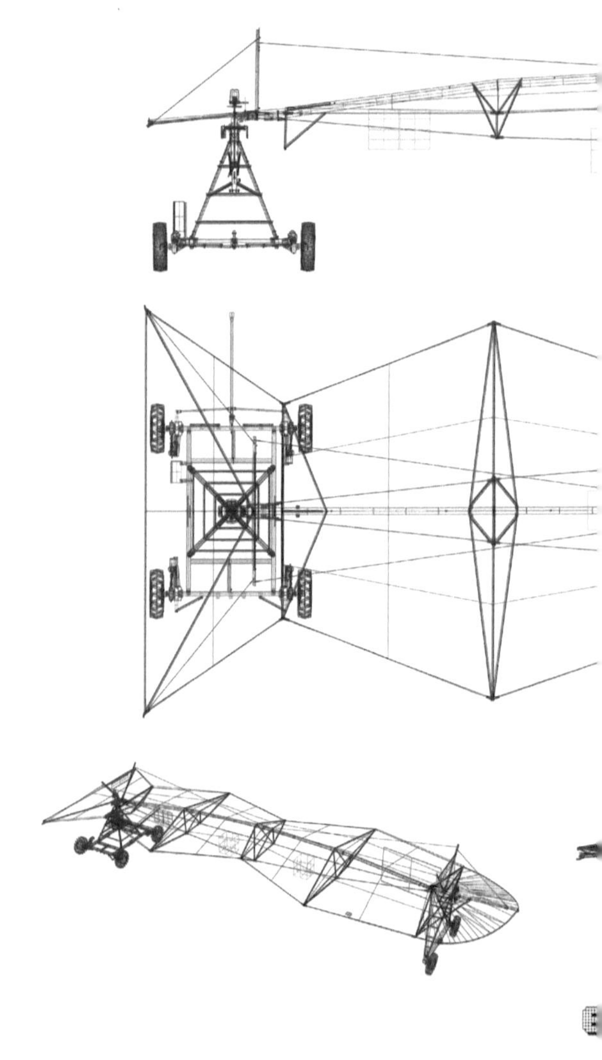

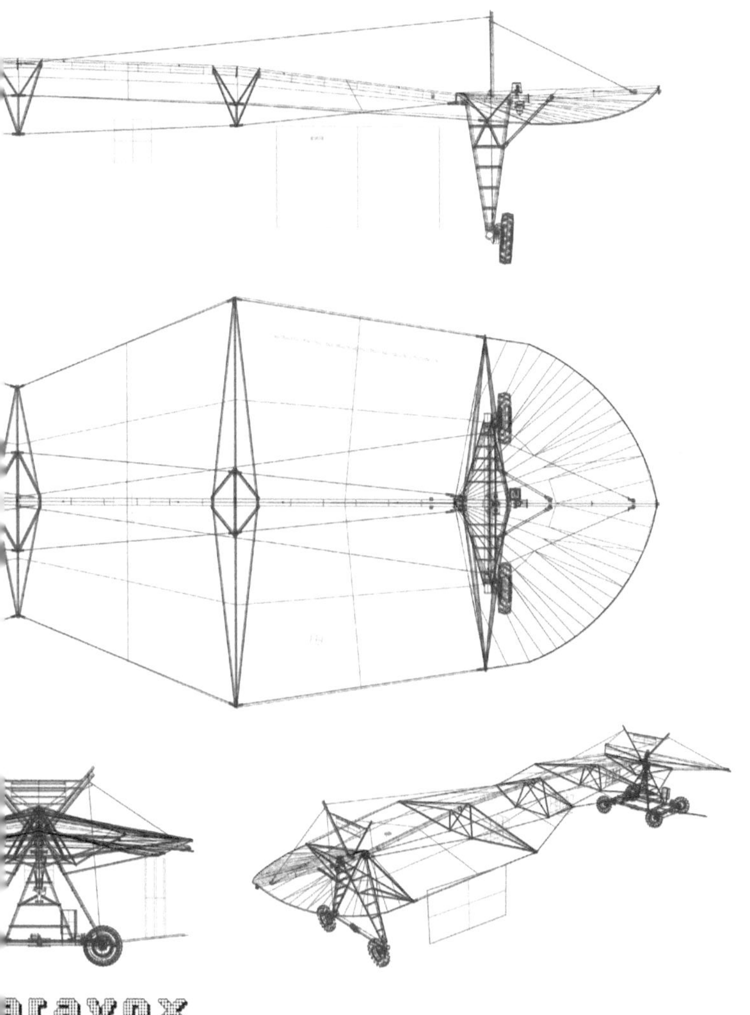

Escaravox, Matadero Madrid

 ANDRÉS JAQUE · OFFICE FOR POLITICAL INNOVATION | TRANSMATERIAL

Escaravox, Matadero Madrid

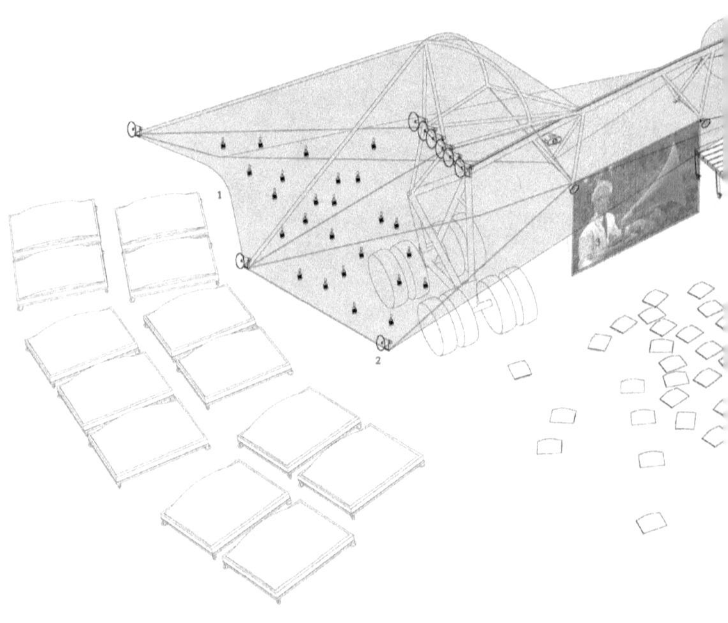

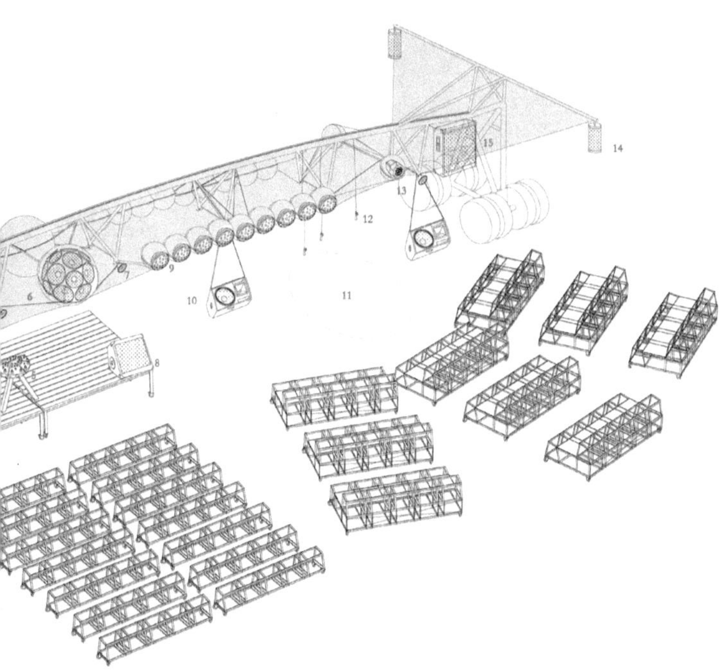

LEYENDA / LEGEND

1. Micrófonos polifónicos / Polyphonic microphones

2. Altavoces de corto alcance / Short-range speakers

3. Pantalla de retroproyección / Projection Screen

4. Escenario / Scenario

5. Jam Hub

6. Peter Maes sound

7. Altavoces de corto alcance / Short-range speakers

8. Monitores Crate pro / Crate pro monitors

9. Multi iluminación / Multi-lighting

10. Monitores Martin audio / Martin audio monitors

11. Performance Ring

12. Micrófonos / Microphones

13. Iluminación / Lighting

14. Fonestar bs30

15. Monitor Marshall / Marshall monitor

HOUSE IN NEVER NEVER LAND

— Domestic architecture designed and performed as an agreement between the environmental richness of the Cala Vadella Valley and a small community of humans willing to develop a hedonistic lifestyle in Ibiza.

ARQUITECTOS / ARCHITECTS

Andrés Jaque / Office for Political Innovation

EQUIPO / TEAM

Andrés Jaque, Jorge Ruano, Juan Boo, Alessandro Armelini, Guido Brandi, Teresa del Pino, Borja Gómez, Alejandro Martín Maté, Leandro Morillas, Pedro Pinto-Correia, Karin Rangel, Alberto Rey, Jorge Ruano, Adeline Ruiz, David Segura, Natalia Solano.

UBICACIÓN / LOCATION

Ibiza, España

CLIENTE / CLIENT

No revelado / undisclosed

CONSULTORES / CONSULTANTS

Structures 107

AÑO DE PROYECTO / PROJECT YEAR

2009

AÑO DE CONSTRUCCIÓN / CONSTRUCTION YEAR

2009

HOUSE IN NEVER NEVER LAND

Located on a sloping plot close to a quaint natural port in Ibiza, the Never Never Land House explores the role that architecture plays – insofar as it practices the technological restitution of social relationships – in the connection between the intimate realms with those of collective action and those in which the images of desire emerge.

In Never Never Land, the hedonistic landscapes drawn by 'extreme bliss' (and its daily performance through electronic music and the consumption of synthetic drugs, nudism and naturism, fleeting sex and impromptu parties in the sunset) coexist with future scenarios of financial stability, along with fluctuations of the real estate market and retirement plans.

The house embodies the engagement with Cala Vadella's environmental richness through a set of material calibrations: 1. The building is elevated from the ground to maintain the permeability and the regime of terrain runoffs (in at least 80% of the project area). 2. The geometries of the constructions are shaped to preserve all the trees in the site, and therefore the continuity of the mechanical reinforcement of the substratum and the habitat of the pine treetops. 3. The concentration in a concrete vessel of all services susceptible to cause accidental spills over the aforementioned substratum ensures the future stability of the ground conditions.

House in Never Never Land is a mediating architecture, one intended to embody and render sensible, through its material configuration, the negotiation for Cala Vadella's human and non-human components to remain compatible.

Situada en un terreno en pendiente, cerca del pintoresco puerto natural de la Cala Vadella al oeste de Ibiza, la Casa en Never Never Land explora el papel que juega la arquitectura – entendida como la restitución tecnológica de las relaciones sociales – para acercar la acción colectiva y los deseos en el contexto de la conciencia medioambiental.

La Casa en Never Never Land, es un dispositivo de mediación entre las situaciones hedonistas de 'felicidad extrema' – y su realización diaria a través de la música electrónica y el consumo de drogas sintéticas, el nudismo y el naturismo, el sexo fugaz o las fiestas improvisadas en la puesta de sol – y las comunidades animales, vegetales y geológicas del valle que la acoge.

Esta mediación queda embebida en el diseño de la casa a través de un conjunto de calibraciones materiales: 1. El edificio se eleva desde el suelo para mantener la permeabilidad y el régimen de drenajes del terreno (en al menos el 80% del área del proyecto). 2. La geometría de las construcciones está diseñada para preservar todos los árboles del lugar y, por tanto, preservar la continuidad del refuerzo mecánico del sustrato y el hábitat de sus copas. 3. La concentración, en un recipiente de hormigón, de todos los servicios susceptibles de causar vertidos accidentales sobre el terreno, garantizando la futura estabilidad de las condiciones del suelo.

La Casa en Never Never Land está pensada como una arquitectura destinada a encarnar y hacer perceptible, a través de su configuración material, la negociación por la que los componentes humanos y no humanos de Cala Vadella se hacen compatibles.

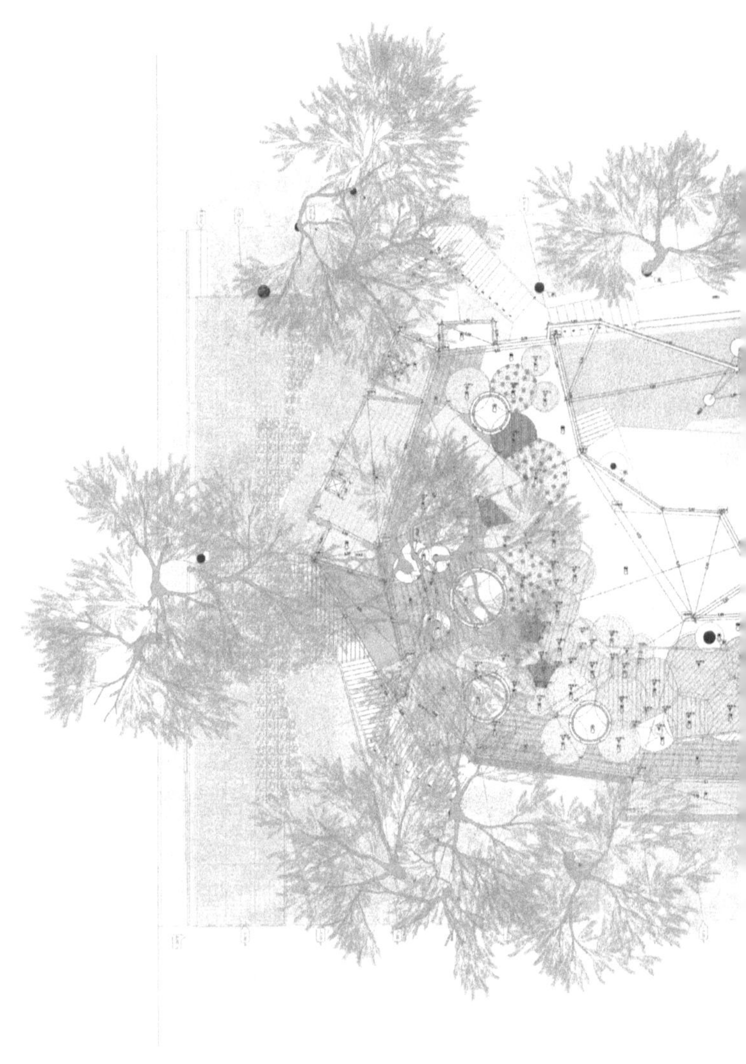

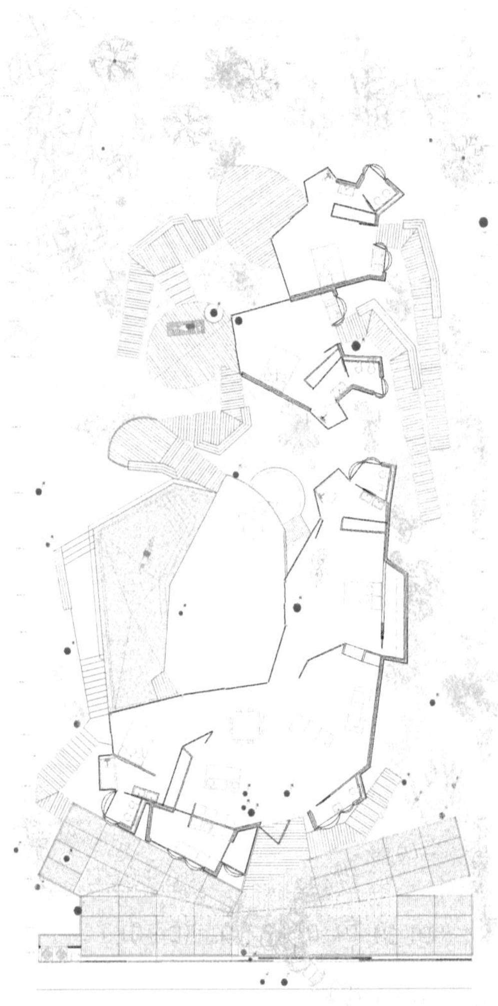

Planta casa / House plan

 ANDRÉS JAQUE · OFFICE FOR POLITICAL INNOVATION | TRANSMATERIAL

Planta cubierta / Rooftop plan

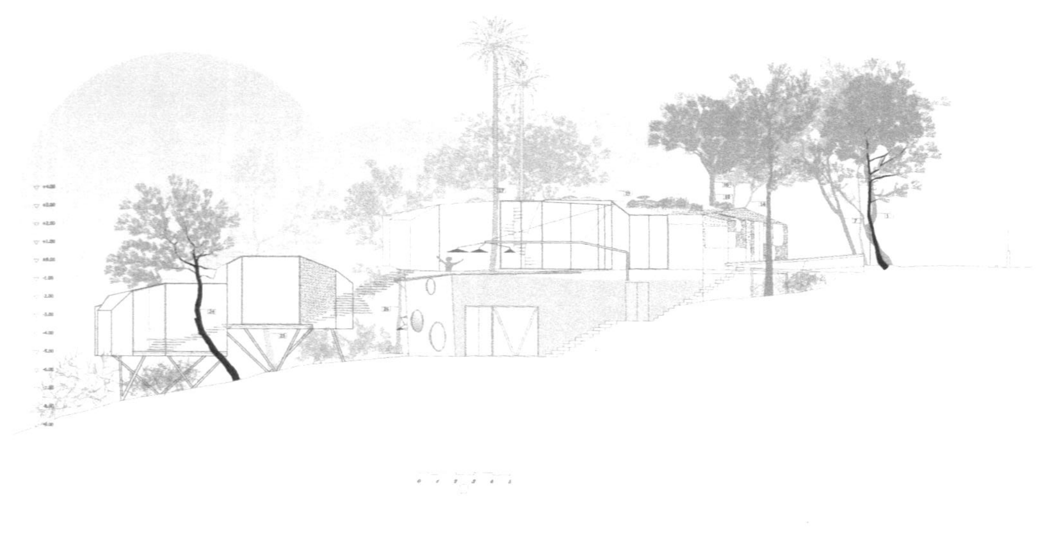

Elevación / Elevation

Corte / Section

PLASENCIA CLERGY HOUSE

— Seniors residence in the historic city center of Plasencia, designed to make it possible for residents to decide the way in which they want their daily lives to be experienced.

ARQUITECTOS / ARCHITECTS
Andrés Jaque / Office for Political Innovation

EQUIPO / TEAM
María-Solange Faría, Raquel Limeres, Henar Molinero, Ana de Miguel.

UBICACIÓN / LOCATION
Plasencia, Cáceres, España

CLIENTE / CLIENT
Diócesis de Plasencia

CONSULTORES / CONSULTANTS
Structures Alfonso Pérez-Gaite, Belén Orta

SUPERFICIE CONTRUIDA / BUILT AREA
5.262 m²

SUPERFICIE TERRENO / SITE AREA
2.155 m²

AÑO DE PROYECTO / PROJECT YEAR
2001 - 2004

AÑO DE CONSTRUCCIÓN / CONSTRUCTION YEAR
2004

PLASENCIA CLERGY HOUSE

Historically, the Catholic Church has defined territory by overlapping two occupation structures: an ideological one – tree-shaped and with the Vatican as its vertex – and another one of distribution in indirect action cores, around interconnected diocese-nodes. Whereas the first promotes centrality and ideological unity, the second can be the vehicle for subversion and accommodation of difference.

The intervention for the Diocesan Residence in Plasencia was understood as the infiltration of a series of political toys, meant to instigate among residents the development of alternative ways for daily life to be undertaken. Changeable garden divisions, movable architecture and reversible public/private spaces were constructed so that residents could find in the small scale of architecture, opportunities to challenge the large-scale hierarchy that the building responds to.

Históricamente, la Iglesia Católica ha definido el territorio mediante la su-perposición de dos estructuras de ocupación: una ideológica – una estructura jerarquizada en árbol y centrada en el Vaticano – y otra distribuida en una red de núcleos de acción indirecta, organizada alrededor de nodos-diócesis interconectados. Mientras la primera promueve la centralidad y la unidad ideológica, la segunda puede ser un vehículo de subversión y llegar a albergar alternativas y diferencias.

La intervención de la Residencia Diocesana en Plasencia fue entendida como la infiltración de una serie de juguetes políticos, destinados a instigar el desarrollo de formas alternativas de vida cotidiana entre los residentes. Se construyeron divisiones modificables en el jardín, arquitecturas móviles y espacios público/privados reversibles para que los residentes pudieran encontrar, en la pequeña escala de la arquitectura, oportunidades para la toma de decisiones, la modificación y la invención, como mecanismo para desafiar, desde una cotidianeidad irreverente, a la jerarquía eclesiástica que promueve la edificación.

 ANDRÉS JAQUE · OFFICE FOR POLITICAL INNOVATION | TRANSMATERIAL

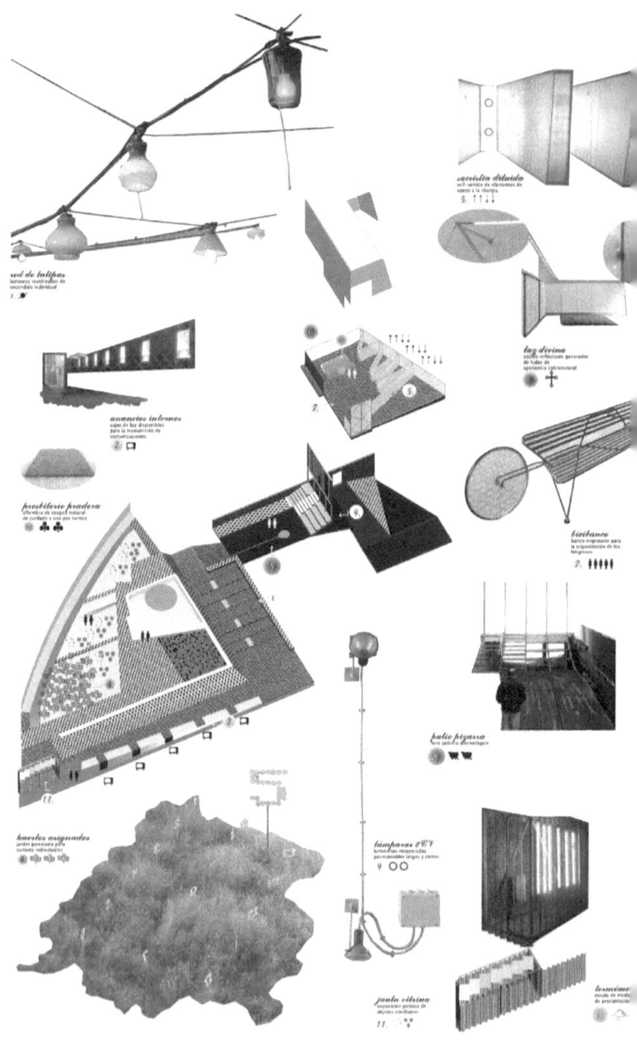

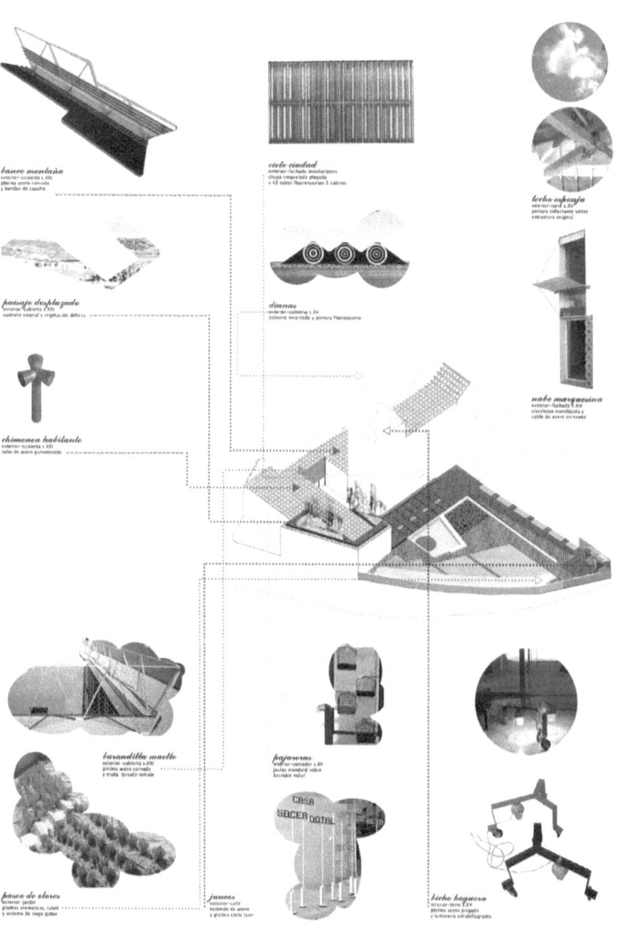

banco montaña
ciclo ciudad
leche esponja
paisaje desplazado
dianas
nube marquesina
chimenea habitante
barandilla muelle
pajareras
bicho hoguera
paseo de olores
juncos

SKIN GARDENS

— Eco-transparent jewelry for politically cared skins.

ARQUITECTOS / ARCHITECTS
Andrés Jaque / Office for Political Innovation

EQUIPO / TEAM
Adeline Ruiz, Karin Rangel, Natalia Solano, Amaya Scola

UBICACIÓN / LOCATION
Barcelona, España

CLIENTE / CLIENT
Mad is Mad Gallery

AÑO DE PROYECTO / PROJECT YEAR
2007

Silueta / Shape

 ANDRÉS JAQUE · OFFICE FOR POLITICAL INNOVATION | TRANSMATERIAL

nature
Con el uso de fragancias naturales
extraídas de flores o plantas

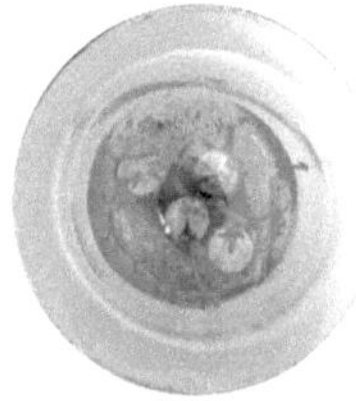

aqua
Con el lavado con agua

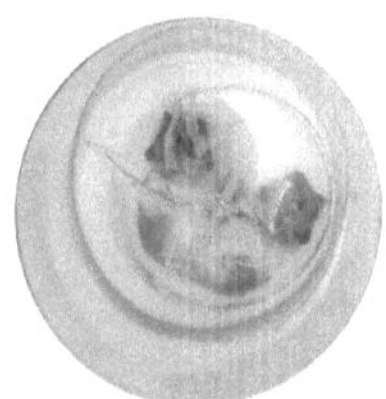

animal tested
Con el uso de productos ensayados
en animales

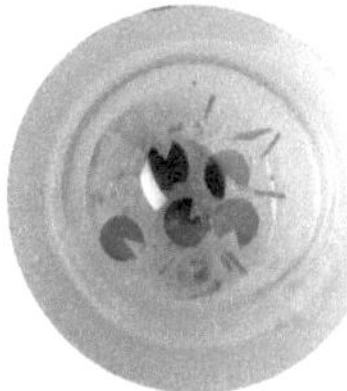

terra
Con maquillajes minerales

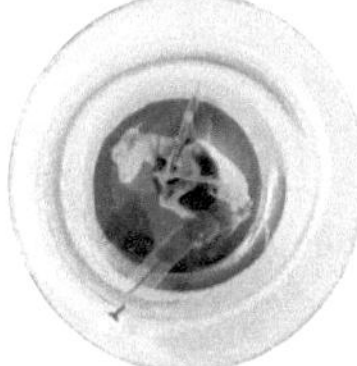

bovidae
Con el uso de cremas antiarrugas
y nutritivas con colágeno o elastina

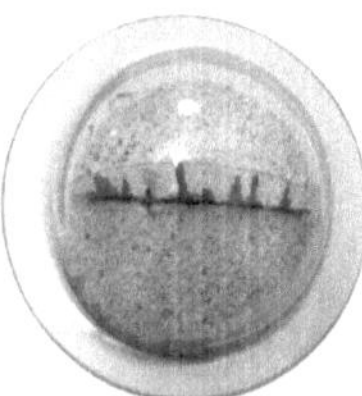

petrolato
Con cremas hidratantes, vaselina
o bálsamo labial

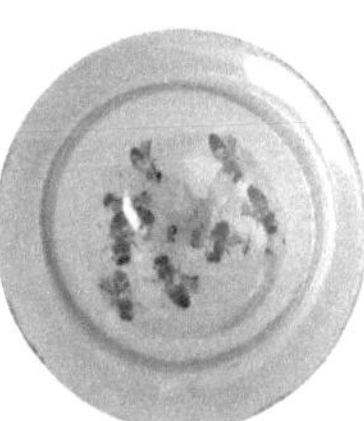

apis mellifera
Con ceras depilatorias o
mascarillas de limpieza facial

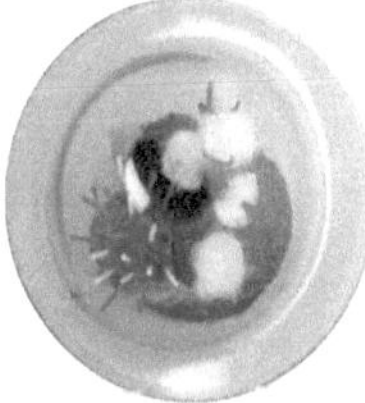

cotonete
Con bandas depilatorias, toallitas o almohaditas
desmaquillantes y jabón con base de celulosa

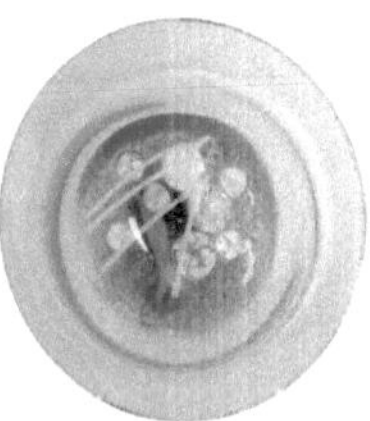

aqua
Con el lavado con agua

bovidae
Con el uso de cremas antiarrugas
y nutritivas con colágeno o elastina

metallum
Polvos de talco, antitranspirantes,
contorno de ojos

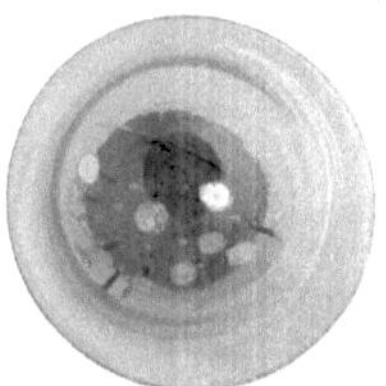

metallum
Fondos de maquillaje,
lápiz de labios

SKIN GARDENS

Caring, cleaning, beautifying and decorating allow skins to connect to distant geographies; for instance, to bauxite mines and aluminum smelters in the practice of deodorization; or to alkaline tanks in the insertion of collagen. Skin care renders skins geological. Cosmetics render skins into trans-landscape realities.

SKINGARDENS are architectural devices to make the hidden extensions that skins live by, visible. They are eco-decorative jewels mediating between distant but connected environments.

SKINGARDENS are composed of three devices: firstly, a contract where buyers agree to wear the SKINGARDEN close to their skin exclusively when the action fueling the connection has happened over the skin; secondly, a device of transparency in the form of a jewel that exposes distant but connected environments; and lastly, postcards of registry which collect testimonies of

El cuidado, la limpieza, el embellecimiento y la decoración hacen que las pieles se conecten a geografías distantes; por ejemplo, a minas de bauxita y fundiciones de aluminio, en el caso de las pieles desodorizadas; o a tanques alcalinos en el caso de aquellas pieles tratadas con colágeno. Las prácticas de cuidado de las pieles las convierten en extensiones de lo geológico y lo territorial. La cosmética convierte a las pieles en realidades transpaisajísticas.

Los SKIN GARDENS son un conjunto de elementos arquitectónicos que hacen visibles las extensiones ocultas que mantienen a las pieles cuidadas. Son joyas eco-decorativas que median entre entornos lejanos pero conectados.

Los SKIN GARDENS están compuestos por tres dispositivos: en primer lugar, un contrato por el que los compradores aceptan llevar cerca de su piel el SKIN GARDEN únicamente cuando la acción que produce la conexión haya sido operada en su piel; en segundo lugar, un dispositivo de transparencia en forma de joya que expone los entornos lejanos pero conectados; y por último, postales de registro que recogen los testimonios de uso y las historias asociadas al uso de los SKIN GARDENS.

ROLLING HOUSE FOR THE ROLLING SOCIETY

— A post-typological urbanism of non-familiar shared homes.

ARQUITECTOS / ARCHITECTS
Andrés Jaque / Office for Political Innovation

EQUIPO / TEAM
Alberto Rey, Alejandro Martín, Lina Vergara, Camila Carli, David Gómez

UBICACIÓN / LOCATION
Barcelona, España

CLIENTE / CLIENT
Fundació Mies van der Rohe

AÑO DE PROYECTO / PROJECT YEAR
2009

AÑO DE CONSTRUCCIÓN / CONSTRUCTION YEAR
2009

ROLLING HOUSE FOR THE ROLLING SOCIETY

In the European Union alone, over eighty million people – of greatly different legal, financial and physical circumstances – live in non-familiar shared homes. Sharing home is a massive and diverse phenomenon, an invisible urbanism that rarely attracts the attention of architects, and that challenges the way in which the house has been devised and practiced in the last decades.

As a design project, the Rolling House for the Rolling Society has been developed in the interaction of three defining formats. 1. An archive of 120 existing cases of non-familiar shared homes. The house has ceased to be a depoliticized and peaceful space – oblivious to public controversies – to become a political arena. A space of dispute and composition of diverse personal matters takes on a collective dimension. 2. The construction of a series of home-unit prototypes – in association with leading building technology companies including Roca, Escofet and Grandhermetic – based on the material knowledge found in the non-familiar-shared-homes archive. 3. A masterplan to empower a Rolling Society of non-familiar sharers to occupy space among transnational urbanisms.

Rolling House is shaped by nine material features:

I. **COUNTER-TYPOLOGICAL.** If typological is taken as it has lately been understood – as underlying spatial-layout – Rolling Architecture disregards that notion of typology, reclaiming instead to read again Rossi's notion of typology as the material base of techno-societies.
II. **SOFT-TECH.** Rolling House confronts wall-based divisions. The Rolling Society operates challenging spatial divisions with soft technologies and daily performance, reconnecting distant rooms, separating neighboring realities, and providing continuity between what happens in different media.

Solamente en la Unión Europea, 80 millones de personas de circunstancias jurídicas, financieras y físicas muy distintas viven en hogares compartidos no-familiares. Este es un fenómeno masivo y diverso, un urbanismo invisible que rara vez atrae la atención de los arquitectos y que desafía la forma en que la casa ha sido pensada y practicada en las últimas décadas.

Como proyecto de diseño, la Rolling House for the Rolling Society ha sido desarrollada en la interacción de tres formatos: 1. Un archivo de 120 casos existentes de hogares compartidos no-familiares. Los interiores domésticos no se muestran como espacios despolitizados y pacíficos (ajenos a las controversias públicas) sino como arenas políticas. Un espacio de disputa y aglomeración de diversos asuntos personales que adquiere una dimensión colectiva. 2. La construcción de una serie de prototipos de unidades de vivienda (en asociación con empresas líderes en tecnologías de la construcción como Roca, Escofet o Grandhermetic) basados en el conocimiento material encontrado en el archivo de hogares no familiares compartidos. 3. Un plan maestro para empoderar a una sociedad móvil de aquellos que comparten, destinado a ocupar el espacio entre los urbanismos transnacionales.

La Rolling House está formada por nueve características materiales:

I. **CONTRA-TIPOLÓGICA.** Si se toma la tipología tal como se la ha entendido recientemente (como disposición espacial subyacente) la Rolling Architecture no habita compartimentaciones espaciales, sino que reclama releer la definición de tipología propuesta por Aldo Rossi, entendiendo lo tipológico como la base material de las tecno-sociedades.

II. **TECNOLOGÍAS BLANDAS.** La Rolling Society construye con tecnologías blandas (muebles, *posters*, electrodomésticos, telas, plantas, maletas,

III. **SCALABILITY.** Constellations of small devices are combined to produce entire transformations of existing architectures. But also mass-produced technologies can be downscaled to cater to marginal specialized conditions. Rolling Architecture is not designed with style, but with scale-changing.

IV. **AVAILABILITY.** In an integrated-with-daily-life version of Toyota's just-in-time productive methodology, the Rolling Components are not mobilized on the basis of optimum eligibility, but according to their easy obtainability.

V. **ADDITION.** The Rolling Architecture is based on its capacity to make iterative action possible, and its components share the prospect of becoming effective by being added to and by having other components added to them.

VI. **OVERLAPPING.** Components are not fit together, but are instead articulated on non-precision-requiring overlapping. Precision requires coherence in the standards different components belong to, as well as prevision and capacity to envision results. Heterogeneity among components and technological learnability to doers are constituents of Rolling Architecture.

VI. **PERFORMATIVE.** Rolling Architecture moves, evolves, folds and unfolds. It caters to changing conditions, and is required to adapt to their evolution.

VIII. **COMPLEMENTARITY.** Components work in association with others. The curtain makes up for the obsolescence of outdated windows, improving their thermal capacity. Several tables are brought together to provide space for piled storage. It is by creating layers, by expanding the action of one object to others, that the shared agency of Rolling Architecture is achieved.

IX. **CONTINGENT.** Rolling Architecture is the result of added contingency. It cannot be seen as a strategic design, but as the accumulation of unorchestrated sequential reactive interventions.

música, olores) y performaciones cotidianas, reconectando dispositivos arquitectónicos distantes por medio de prácticas y acontecimientos, separando realidades vecinas y proporcionando continuidad entre lo que ocurre en distintos medios.

III. ESCALABILIDAD. La Rolling Society se construye por medio de constelaciones de pequeños dispositivos que colaboran entre sí y ganan escala en la asociación, llegando a insertar arquitecturas y urbanismos alternativos en aquellos ya existentes. La Rolling Architecture se diseña por medio de la asociación y del cambio de escala.

IV. DISPONIBILIDAD. En una versión del paradigma de fabricación *just-in-time* llevado a la vida cotidiana, los componentes de la Rolling Architecture no se escogen bajo un criterio de optimización o de idoneidad técnica, sino en base a su disponibilidad contingente.

V. ADITIVA. La Rolling Architecture se basa en la acción iterativa, y sus componentes se agregan a los ya acumulados.

VI. SUPERPOSICIÓN. Los componentes no se ajustan entre sí, sino que se articulan en superposiciones que no requieren precisión. La precisión demanda coherencia en las normas a las que pertenecen los distintos componentes, así como la previsión y la capacidad de anticipar resultados.

VII. PERFORMATIVA. La Rolling Architecture se mueve y evoluciona, se pliega y se despliega. Se adapta a condiciones cambiantes y requiere adaptarse a su evolución.

VIII. COMPLEMENTARIEDAD. Los componentes trabajan en asociación con otros. La cortina compensa la obsolescencia de las ventanas viejas, mejorando su capacidad térmica. Varias mesas se reúnen para generar un espacio de almacenamiento apilado. Es mediante la creación de capas, mediante la ampliación de la acción de un objeto a otros, como se logra el poder compartido de la Rolling Architecture.

IX. CONTINGENTE. La Rolling Architecture es el resultado de la contingencia añadida. No puede ser vista como un diseño estratégico, sino como la acumulación de intervenciones reactivas, secuenciales y no orquestadas.

a city of associated interiors made of sharing, provisional in[...]

1.
channels of spatial continuity
Rolling Society is equipped with technological systems providing an experience of spatial continuity in the distance.

- inexpensive traveling
- telecomunication services
- transnational currencies
- delocated access to financial services
- money displacement highways
- network of hosting habitats for migratory animals
- individual access to transportation vehicles

2.
devices for simultaneity in spatial presence
Rolling Society means living simultaneously in a diversity of physical existing spaces, connected by a number of technological devices

- share-my-view point mail
- I-am-with-you greeting mail
- social cyber-nets
- teleconversation systems

there's no longer an unpolitical sweet home, urbanism is [...]

LING SOCIETY

...suit of the desired profit that only difference can relieve

...vingroom is the real political arena that we get to live

3.
shared on going constructed narratives.
Rolling Society lives also in shared evolving narratives. Characters, situations, environments and stories in wich live also happens.

serial TV shows

fictional books

celebrities/ fictionated lives

cyber games

fans-community making-oriented music production

4.
What's the motor making it all roll and roll?
Rolling Society does not evolve into a better optimized system, neither people in it take decisions to make it better, it just move with a motor that could only be called desire.

Likeliness for romance and sex

The pursuit of seeing oneself as the actor of the show one likes.

Access to improved living standards.

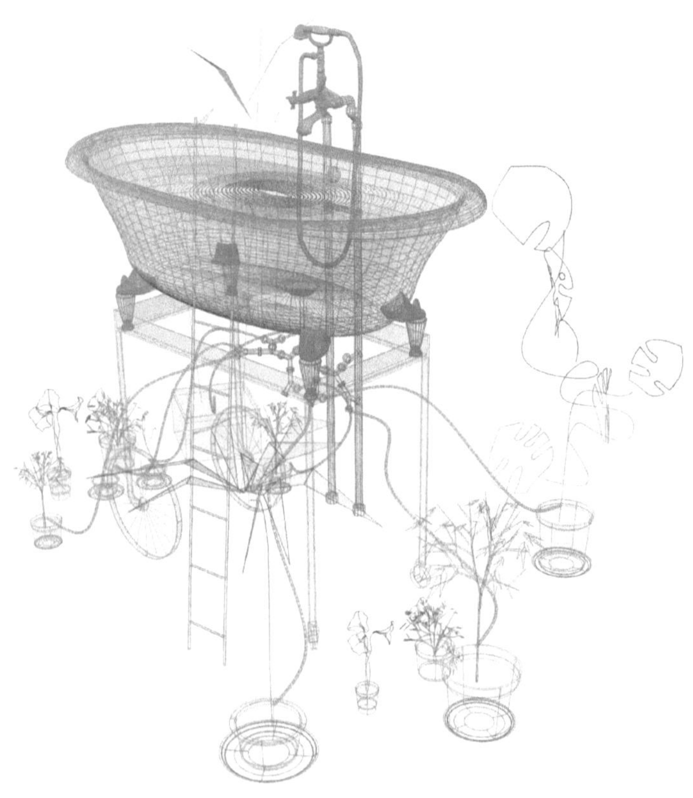

Prototipo Offpolinn 03 /
Offpolinn 03 prototype

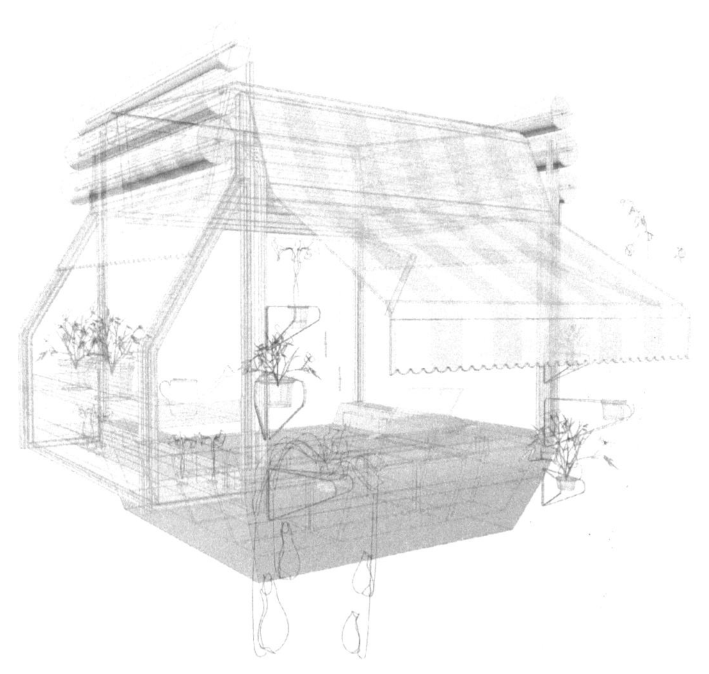

Prototipo Offpolinn 04 /
Offpolinn 04 prototype

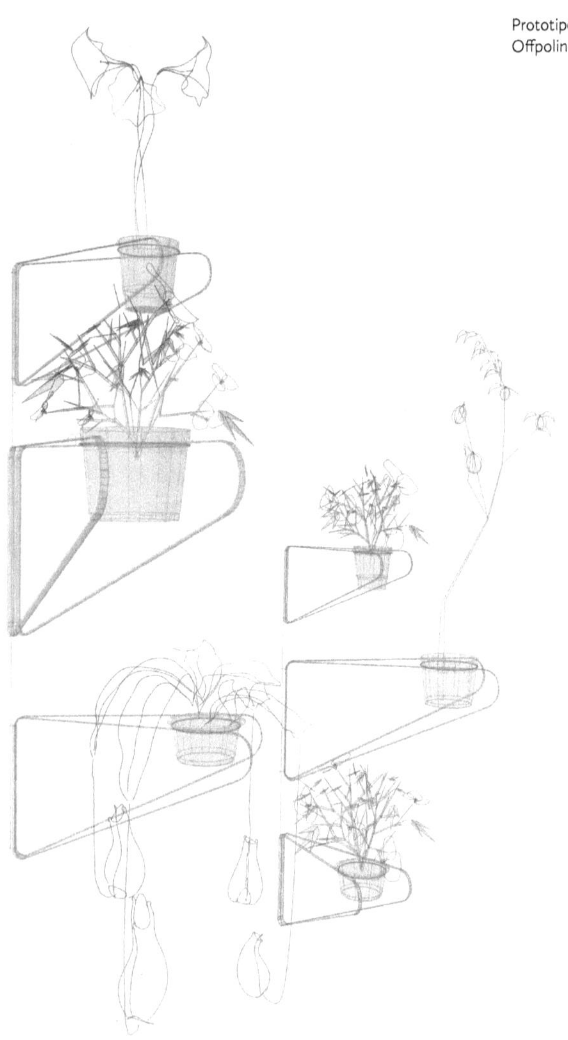

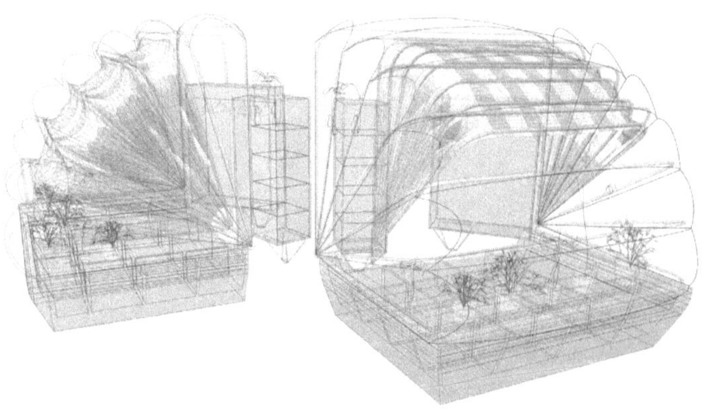

Prototipo Offpolinn 09 /
Offpolinn 09 prototype

IKEA DISOBEDIENTS

— Archive, material installation and performance on politically activated non-familiar domesticities.

ARQUITECTOS / ARCHITECTS
Andrés Jaque / Office for Political Innovation

EQUIPO / TEAM
Madrid:
Alexis Alderius, Javier Fontés de León, Aurora Godard, Antonia González, Paco Lirola, Manuel Llusia, Candela Logrosán, Marina López, Juan Daniel Martín, Carlos Mora, Nayana Resende, Theo Vallas Vila.

New York:
Corentine Bohl, Gianna Bone-Teola, Moddy Harding, Donnie Jochum, Denish Kinariwala, Maja Leonardsen Musum, Rael Michael Clark, Greg Newton, Frank Traynor.

UBICACIÓN / LOCATION
New York, USA | Madrid, España

CLIENTE / CLIENT
Museum of Modern Art, New York. Architecture & Design Purchase Fund

AÑO DE PROYECTO / PROJECT YEAR
2012

AÑO DE CONSTRUCCIÓN / CONSTRUCTION YEAR
2013

IKEA DISOBEDIENTS

IKEA delivers societies.

IKEA is a purveyor of social structuring.

98% of the people depicted in the IKEA catalog are young.

92% of them are blonde.

They all have some sort of family life.

They either have children, or are busy having children.

Everything IKEA manufactures is aimed at turning the sphere of domesticity into a sunny, happy, apolitical space inhabited by contented, healthy, young people. The sense of home or a household's life, however, may also be constructed from day to day in quite different fashions.

Not all of us are healthy.

Not all of us are young.

Not all of us are into having children.

Rael Michael Clark rents an apartment in Queens and it is the place where he carries out his extensive research and invention work on aquaponics, a self-regulated system to produce food. A series of experiments in which hydroponics are combined with the way fish are raised in aquacultures. He can afford the cost of these experiments by letting others use the lab space for celebrations. His apartment is not the place where reality renders itself familiar, but the very location where Rael encounters the uncertain.

Greg Newton and Donnie Jochum, and Maja Leonardsen Musum and Corentine Bohl, are two-loving-couples that share an apartment in Queens, NY. Greg and Donnie collect books as part of their plan to open, in the future, a LGTBQ-oriented bookshop. Their kitchen is a place where they get to interact and share some intimacy with non-familiar relatives.

IKEA produce sociedades.

IKEA es un proveedor de estructura social.

El 98% de las personas mostradas en el catálogo de IKEA son jóvenes.

El 92% de ellas son rubias.

Todas ellas tienen algún tipo de vida familiar.

Todas ellas tienen hijos, o están ocupadas teniendo hijos.

Todo lo que IKEA fabrica busca convertir la esfera de la domesticidad en un espacio soleado, feliz y apolítico, habitado por jóvenes contentos y sanos.

El sentido del hogar o de la vida de familia, sin embargo, también puede ser construido día a día de formas alternativas.

No todos somos saludables.

No todos somos jóvenes.

No todos tenemos hijos.

Rael Michael Clark vive en un apartamento alquilado en Queens y es allí donde desarrolla sus investigaciones de *aquaponics*, un sistema autorregulado de producción de alimentos, basado en experimentos que combinan la hidroponía con la acuicultura. Paga sus investigaciones alquilando el espacio del laboratorio para celebraciones. Su apartamento no es el lugar donde la realidad se vuelve familiar, sino el lugar donde Rael busca el encuentro con lo incierto.

Greg Newton y Donnie Jochum, Maja Leonardsen Musum y Corentine Bohl, son dos parejas que comparten un apartamento en Queens, NY. Greg y Donnie reúnen libros como parte del plan de abrir, en el futuro, una librería LGBTQ. La cocina del apartamento es el lugar donde interactúan y comparten intimidad con sus amigos y compañeros de activismos. Es también el lugar

It is also the place where they emerge as citizens committed to a position on public concerns and open controversies. Their home is an arena, from which contributions to 'the commons' are produced out of confronted intimacies.

Mama Gianna remembers being raised in the kitchen of Manducatis, the restaurant her parents still own on Jackson Avenue. She now runs Manducatis Rustica, less than 6 minutes from there. Her children spend most of their time in the restaurant playing and surfing the net on the computer she installed next to the kitchen as well as talking to clients and staff after school. They refer to the restaurant as home due to the amount of time they spend there. Her apartment, her parents' apartment and the two restaurants compose a fragmented domesticity inserted in two city blocks. In their life there is no easy distinction between the intimate and the communal. Their domesticity is not an 'independent republic' but an urbanism constructed out of the fragmented spaces that become connected by the way in which they perform daily.

Frank Traynor brought an old wooden shack from upstate and set up camp in a rare garden, belonging to two designer girlfriends, squashed between existing buildings in Brooklyn. The designers are happy by the way he keeps the garden beautiful and makes it a lively place by entertaining all sorts of easy-going acquaintances. The attractive garden draws passing people into his shop where he sells all sorts of things that he collects. He pays no rent in money, but instead delivers contributions to improving others' daily lives. Comfort does not come out of familiarity, but from the possibilities of association resulting from the encounter of difference.

Moddy Harding lives with her husband in a Long Island suburban home. She transformed the TV room into an informal hairdressers, where she cuts and combs a number of locals' hair. The communal bubble created by this shop is the center of her home. Her family life is organized around the shop, and it is here that she brought up her two sons and takes care of her dog Chuey and her cat Michini. The house acts as an interaction point introducing neighbors to visiting relatives from Europe who come to improve their English. It is a space that is both homely and publicly available. The

donde emergen como ciudadanos comprometidos con una posición desde la que intervenir en las controversias y preocupaciones públicas que les afectan. Su hogar es una arena, desde donde se producen contribuciones a lo común como parte del desarrollo de una forma de intimidad.

Mamá Gianna se crió en la cocina de Manducatis, el restaurante que sus padres aún poseen en Jackson Avenue. Ahora dirige Manducatis Rustica, a menos de 6 minutos de allí. Sus hijos pasan la mayor parte del tiempo en el restaurante jugando y navegando en internet en el ordenador que Gianna instaló en la cocina de Manducatis Rustica, mientras hablan con los clientes y el personal. Hablan del restaurante como de su 'casa'. Su apartamento, el de sus padres y los dos restaurantes componen una domesticidad fragmentada distribuida en diferentes partes de dos manzanas de la ciudad. En su vida no hay una distinción simple entre lo íntimo y lo común. Su domesticidad no es una 'república independiente', sino un urbanismo construido a partir de espacios fragmentados que se conectan por la forma en que son usados.

Frank Traynor trajo una vieja cabaña de madera desde el norte y montó un campamento en el singular jardín que una pareja de diseñadoras tienen junto a su oficina en Brooklyn. Ellas están contentas porque él mantiene el jardín y lo ha convertido en un lugar muy animado en el que no paran de conocer a gente interesante. Frank también está contento, porque el jardín atrae a los transeúntes hacia su tienda, donde vende cosas que recoge en la calle y en sus paseos por el campo. No paga alquiler en dinero, sino que contribuye a mejorar la vida cotidiana de los demás. En este caso, la comodidad no surge de la familiaridad sino de las posibilidades de asociación que resultan del encuentro de la diferencia.

Moddy Harding vive con su marido en una casa suburbana de Long Island City. Hace unos años, Moddy transformó el cuarto de estar de su casa en una peluquería informal, donde corta y peina el pelo de sus vecinos. La cápsula comunitaria en la que la peluquería se ha convertido no sólo es el centro de su barrio, sino también el centro de su hogar. Es aquí donde ella ha criado a sus dos hijos y donde se ocupa ahora de su perro Chuey y su gato Michini. La peluquería permite que los vecinos conozcan a todos los miembros de la familia de Moddy, incluso a los parientes que le visitan

center of the communal life in the neighborhood is not the square or the street but bubbles like Moddy's shop, something that is reflected in the suburbs, where people go inside to find others, and more so, to find the unfamiliar.

Denish Kinariwala occupies an apartment left to him by a friend, during his Summer holidays. The rest of the year he lives in an International House, a student hall of residence. His home is not a place, but the possibility of taking decisions on what he wants his life to be like, in each moment. When asked, "where do you feel at home?" he answered: "playing sarod in the park". The redundancy of the city provides him with the possibility to move from one place to another. The inefficient availability of possibilities is where he finds the comfort he pursues. Home for him is not a well-designed fixed enclosure with views over the outer urban, but the feeling of being provided with a resiliency of available options.

A depoliticized ordinary life is encouraged wherever the domestic and the public are segregated. The home has often been imaged as a space of disconnection from public strife and dispute; as the location where one can forget the rest of the world; as the site where we encounter only what is familiar to us; 'The Independent Republic of Our Home.'

A different way of constructing ordinary life may be conceived, however. Namely, one where the home is a site of confrontations and encounters with all that is different, unfamiliar or under dispute. Deciding, for instance, whether or not to go on the pill; how domestic chores are to be assigned; or to what extent we want to take responsibility for garbage separation: through all these processes we emerge as politically activated citizens from the privacy of our homes.

Disobeying IKEA's injunction to contain social interactions within sunny apolitical home-enclaves is what we propose as an urban counter-notion of the domestic. Not a neutral space, but one installing controversy and disagreement precisely at the site where affections may also emerge.

desde Europa, y que viajan a Long Island City para mejorar su inglés. Es un espacio que es a la vez hogareño y abierto al público. El centro de la vida comunitaria del barrio no son las plazas o las calles, sino cápsulas como la de la peluquería de Moddy.

Denish Kinariwala ocupa temporalmente el apartamento que le ha prestado un amigo durante sus vacaciones veraniegas. El resto del año vive en la Casa Internacional, una residencia estudiantil. Su hogar no es un lugar, sino la posibilidad de tomar decisiones en cada momento sobre cómo quiere que sea su vida. Cuando se le preguntó "¿dónde te sientes en casa?", él respondió: "tocando *sarod* en el parque". La redundancia de la ciudad le brinda la posibilidad de vivir mudándose permanentemente de un lugar a otro. La disponibilidad no-optimizada de múltiples posibilidades es donde Denish encuentra la comodidad que busca. Para él, hogar no es un recinto fijo con vistas hacia el exterior urbano, sino la sensación de estar surtido de opciones disponibles.

La promoción de lo doméstico y lo público como entornos independientes, contribuye a fomentar una vida ordinaria despolitizada. A menudo, el hogar ha sido representado como un espacio de desconexión de la fabricación y la disputa de lo público, como el lugar donde olvidarse el resto del mundo, como el sitio donde encontramos lo que nos es familiar: 'la República Independiente de Nuestra Casa'.

Sin embargo, la construcción de la cotidianeidad se puede pensar de otra manera. Como el espacio donde nos encontramos con lo que nos es diferente, desconocido o en disputa. Decidir, por ejemplo, si tomamos o no la píldora; tareas domésticas; o en qué medida queremos asumir la responsabilidad de separar la basura; a través de todos estos procesos, emergemos de la privacidad de nuestros hogares como ciudadanos políticamente activados.

Desobedecer el precepto de IKEA de contener las interacciones sociales dentro de enclaves apolíticos soleados es lo que proponemos como una contra-noción urbana de lo doméstico. No se trata de un espacio neutral, sino uno que instala la alternativa y el desacuerdo en el centro de lo doméstico.

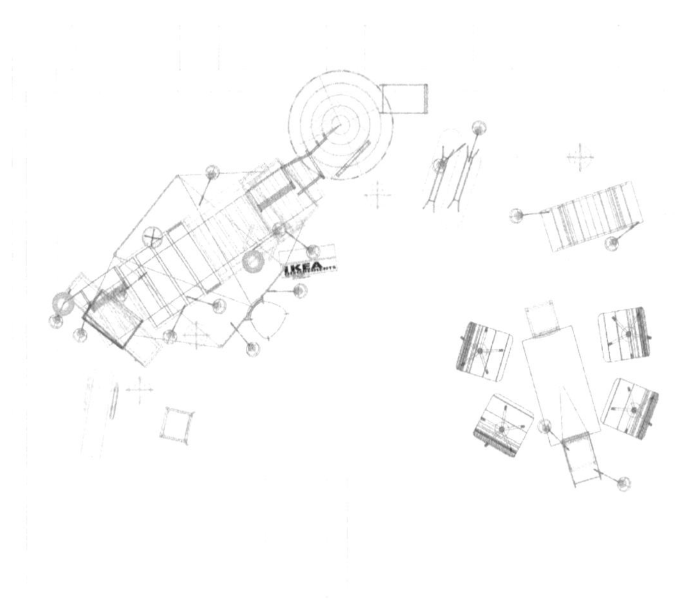

Planta / Plan

Perspectiva / View

 ANDRÉS JAQUE · OFFICE FOR POLITICAL INNOVATION | TRANSMATERIAL

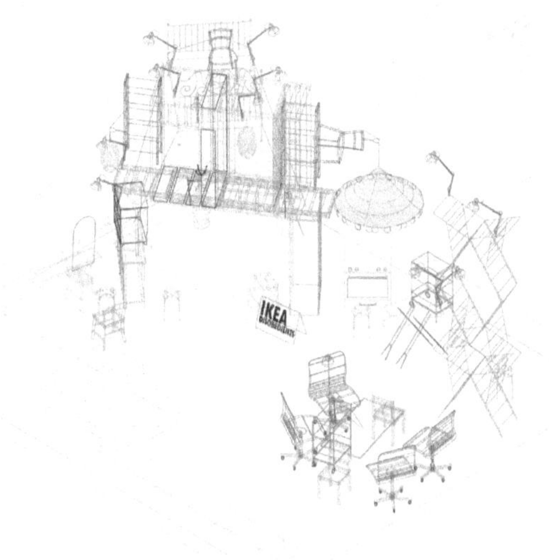

Axonométrica / Axonometric

12 ACTIONS TO MAKE
PETER EISENMAN
TRANSPARENT

12 ACTIONS TO MAKE
PETER EISENMAN
TRANSPARENT

ARQUITECTOS / ARCHITECTS
Andrés Jaque / Office for Political Innovation

EQUIPO / TEAM
Diseño, coordinación y edición / Design, Coordination & Edition:
Tat Bonuehi, María-Solange Faría, Agnes Flocault, Luigi Ligotty, Teresa del Pino, Jorge Ruano, Herminia Vegas.
Diseño gráfico / Graphic Design: Enrique Pujana

UBICACIÓN / LOCATION
Santiago de Compostela, España

CONSULTORES / CONSULTANTS
Structures: Belén Orta. Mechanical Engineering: Nieves Plaza

AÑO DE PROYECTO / PROJECT YEAR
2004

AÑO DE CONSTRUCCIÓN / CONSTRUCTION YEAR
2004

12 ACTIONS TO MAKE PETER EISENMAN TRANSPARENT

"12 Actions to Make Peter Eisenman Transparent" consisted of twelve strategies intended to provide active roles to the general public so that people could experience the site and gain access to the experiments that the construction of the Cidade da Cultura was already triggering. The general goal was to open the 'black box' of the process of the building, a massive compound of cultural facilities designed by the New York based architectural practice Eisenman Architects, so a broad diversity of social actors could participate in the project's experimental and research capital, producing an extension of its intellectual footprint and maximizing its capacity to incorporate a larger representation of the diversity of Galicia's society.

The twelve actions were grouped into three different categories according to their goals.

The first category would group those actions meant to provide 'access' to people not directly involved in the works of the construction of the Cidade da Cultura. Basic actions within this category included the provision of a bus line connecting the building site to the main public transport nodes. More complex ones included the celebration of open house days with tours giving access for visitors into security enclosures and the organization of public events that would attract people to the most important moments of the works, such as the completion of a significant element of Eisenman's topography or of the cladding of a building.

The second category comprised those actions intended to make transparent those facts that could otherwise only be read by experts. These actions included the use of color codes to make visible the demarcations of the boundaries between the construction companies and the resources mobilized by each one of them, LED screens to explain what

12 ACCIONES PARA HACER TRANSPARENTE A PETER EISENMAN

"12 acciones para hacer transparente a Peter Eisenman" consistió en doce estrategias destinadas a proporcionar al público en general un rol activo, para que éste pudiera visitar el sitio y acceder a los experimentos que estaba generando la construcción de la Cidade da Cultura (Santiago de Compostela, España). El objetivo general era abrir la 'caja negra' del proceso de construcción del edificio – un complejo enorme de instalaciones culturales diseñado por la oficina neoyorquina Eisenman Architects – de manera tal que una amplia gama de actores sociales pudiera ser partícipe del capital experimental y exploratorio del proyecto, estimulando la expansión de su huella intelectual y maximizando la capacidad del mismo para incorporar una representación más amplia de la diversidad propia de la sociedad gallega.

Las doce acciones se agruparon en tres categorías, de acuerdo con sus objetivos. La primera categoría agrupaba aquellas acciones destinadas a proporcionar 'acceso' a públicos no directamente involucrados en las faenas de la Cidade da Cultura. Las acciones básicas dentro de esta categoría incluyeron la provisión de una línea de autobús que conectaba el predio de la construcción con los principales nodos de transporte público. Las más complejas contemplaron la celebración de jornadas de open house, con visitas guiadas que permitieran el acceso de visitantes a recintos de seguridad y la organización de eventos abiertos que atrajeran al público a los momentos más importantes de la construcción – como la culminación de un elemento significativo de la topografía propuesta por Eisenman o el revestimiento de alguno de los edificios.

La segunda categoría comprendía acciones destinadas a transparentar aquellos hechos que de otra manera sólo los expertos podían leer. Estas acciones incluyeron el uso de códigos de colores para hacer visibles la

tasks were being executed at each moment, and balloons to indicate the amount of money already spent in each section of the site. This category also included affixing stickers to every truck arriving or leaving the building site, by which the contents of the truck and its port of origin or destination could be understood, making visible, for example, the port of origin of the Brazilian granite or the location in which the construction debris was to be processed.

A third group included a series of strategies to provide space for those issues raised by people not directly involved in the process. Their inputs would be collected, recorded, archived, and displayed together with those of official experts (such as architects or engineers). These strategies comprised forums to discuss the technology applied on site, with participation by both engineers and the general public; video recorders available for anyone to leave statements, theories, opinions, or proposals to be displayed in the city center; and screens where messages texted to an automatic system would be displayed on the site.

For more than a year a number of these actions were applied. Very often the capacity of visitors to evaluate the evolution of the building site was significantly higher than that of the experts. Important controversies emerged when, for example, particular people learned that materials that would have been easy to source from local producers, had been supplied from distant ports of origin.

The first group of actions succeeded in rendering the building site a place that people from all around Galicia could regularly visit and explore.

The second group of actions provided a certain level of symmetry in the calculability of the site to the general public and to the architects and engineers in charge of the project.

The third one proved too successful, to the extent that its success as a tool to convey and archive opinions on the development of the works was the reason why the "12 actions..." were cancelled, at the very moment in which the project costs had doubled from that of the first government-approved estimate.

demarcación de los límites entre las distintas empresas constructoras y los recursos que cada una de ellas movilizaba, pantallas LED que explicabn qué tareas se estaban ejecutando en cada momento y globos indicando la cantidad de presupuesto ya invertido en cada sector del sitio. Esta categoría también incluía la rotulación de cada camión que llegaba o salía del predio, para que pudiera entenderse el contenido del camión y su puerto de origen o destino – haciendo visible, por ejemplo, el puerto de origen del granito brasileño o el lugar donde se procesarían los escombros de la construcción.

Un tercer grupo incluyó una serie de estrategias que dieran lugar a aquellos temas planteados por el público no involucrado de manera directa en el proceso. Sus sugerencias serían recogidas, registradas, archivadas y mostradas junto a las de los expertos oficiales (como arquitectos o ingenieros). Estas estrategias comprendían foros para discutir la tecnología aplicada en la obra, con la participación tanto de ingenieros como del público en general; videograbadoras disponibles para que cualquier persona dejara sus declaraciones, teorías, opiniones o propuestas, que serían proyectadas en el centro de la ciudad; y pantallas donde mensajes SMS enviados a un sistema automático se mostrasen en el lugar.

Durante más de un año se aplicaron varias de estas acciones. Frecuentemente, la capacidad de los visitantes para evaluar la evolución de la obra era significativamente mayor que la de los expertos. Surgieron importantes controversias cuando, por ejemplo, parte del público supo que determinados materiales fácilmente provistos por productores locales procedían en cambio de puertos distantes.

El primer grupo de acciones consiguió que la obra fuese un lugar que la gente de toda Galicia pudiera visitar y explorar regularmente.

El segundo grupo de acciones proporcionó un cierto grado de simetría entre el público en general y los arquitectos e ingenieros a cargo del proyecto respecto de la calculabilidad del sitio.

La tercera resultó demasiado exitosa, pues su capacidad como herramienta para transmitir y registrar opiniones sobre el desarrollo de las obras fue la razón por la que las "12 acciones…" fueron canceladas, en el preciso

The image shows some workers from the 'blue' construction company, working on the 'yellow' construction company's area. This boundary crossing was something we only noticed after carefully examining the photograph. We showed it to the project management team (composed mainly of architects and engineers) and asked them "How could it be that the 'blues' were working on the 'yellow' site?" They answered: "They shouldn't. They don't. The security plan makes it impossible." We later posed the same question to a number of visitors who had regularly followed the evolution of the process, by taking advantage of the possibilities provided by the "12 actions..." Some of them were able to give us an interpretation consistent with the photographic evidence: "The 'blue' and the 'yellow' companies help each other. They have an agreement, and when one of them reaches a peak of activity, they can count on the help of the other one. With this agreement they have reduced the resources they need on site by more than 20 percent."

Research, calculus, description, discussion, archiving, narrating, collecting evidence, raising issues, defending hierarchies, enunciating, detecting alternative historiographies, evaluating, and conveying are, in part, the constituents of everyday life. These activities not only take place in the specialized rooms where official researchers work but are also carried out by all people. Research should be seen as a collective activity, in which color design, events design, and platform design can play important roles. Architectural devices can foster and trigger this collective research while simultaneously catering to many other missions. Maybe, when considered in this way, design and research should not be considered to be independent practices, so that new ways of rethinking their relationship can be invented.

momento en que los costos del proyecto se habían duplicado respecto de la estimación inicial aprobada por el gobierno.

La imagen muestra a un grupo de trabajadores de la empresa constructora 'azul' trabajando en el área de la constructora 'amarilla'. Este cruce de frontera fue algo que notamos solamente después de examinar cuidadosamente la fotografía. Lo señalamos al equipo de dirección del proyecto (compuesto principalmente por arquitectos e ingenieros) y les preguntamos "¿Cómo puede ser que los 'azules' estén trabajando en el sitio 'amarillo'?" Ellos respondieron: "No deberían. No lo hacen. El plan de seguridad lo impide". Posteriormente planteamos la misma pregunta a un número de visitantes que habían seguido sistemáticamente la evolución del proceso, aprovechando las posibilidades que las "12 acciones..." proporcionaban. Algunos de ellos nos dieron una interpretación consistente con la evidencia fotográfica: "Las compañías 'azules' y 'amarillas' se ayudan mutuamente. Tienen un acuerdo, y cuando una de ellas alcanza un peak de actividad, pueden contar con la ayuda de la otra. Con este acuerdo, han reducido más de un 20 por ciento la mano de obra que necesitan en el lugar".

La investigación, el cálculo, la descripción, la discusión, el archivo, la narración, la recopilación de evidencia, el surgimiento de ciertos temas, la defensa de las jerarquías, las declaraciones, la detección de historiografías alternativas, la evaluación y la transmisión son, en parte, elementos cons- titutivos de la vida cotidiana. Estas actividades no sólo se desarrollan en las oficinas especializadas donde trabajan investigadores oficiales, sino que se realizan también por todos los públicos. La investigación debiese ser vista como una actividad colectiva, en la que el diseño del color, de eventos y de plataformas pueden desempeñar papeles importantes. Los dispositivos ar- quitectónicos pueden fomentar y desencadenar esta investigación colectiva mientras cumplen muchos otros objetivos. Tal vez, cuando se los mira de esta manera, el diseño y la investigación no debieran ser considerados como prácticas independientes entre sí, de manera tal que pudieran inventarse nuevas formas de repensar su relación.

12 Actions to Make Peter Eisenman Transparent,
Santiago de Compostela, 2004.

TUPPER HOMES

— TUPPER HOME is the making of a community engaged in experimenting the transformation of their homes, sharing and discussing a common catalog of architectural components.

ARQUITECTOS / ARCHITECTS

Andrés Jaque / Office for Political Innovation

EQUIPO / TEAM

Teresa del Pino, Helena Bartosova, Sarah Caperos, Rebecca Frisoli, Iris Hutinger, Pedro Pinto-Correia, Jorge Ruano.

UBICACIÓN / LOCATION

Madrid, España

CLIENTE / CLIENT

Sin datos

CONSULTOR / CONSULTANT

Structures Belén Orta

AÑO DE PROYECTO / PROJECT YEAR

2007

AÑO DE CONSTRUCCIÓN / CONSTRUCTION YEAR

2007

TUPPER HOMES

TUPPER HOME is a chained domestic urbanism based on the tradition of making experimentation and presentation simultaneous, developed within the context of demonstrative marketing (Tupperware, Avon or Herbalife) to include users in the experimentation of evolving catalogs of products.

As a way to mobilize the usually lost empirical capital of architectural use, demonstrative marketing techniques are used here to bring about a gradual horizontal enrollment among people who experiment with the transformation of their house and, through an institution that promotes association (the TUPPER HOMES), turn it into a context for collective evolution.

TUPPER HOME is, in sum, a repertoire of architectural components that, through combination, allow for the renovation of existing dwellings according to the principle that a greater technological range and an increase in design quality can offer equivalent benefits in smaller dwellings. The improvement in the components and in the way they can be combined together – developed by users – is used to update the catalog, and permanently considers a beta version with the main goal of registering and concentrating the insight produced and disputed by the TUPPER HOME.

TUPPER HOME es un urbanismo doméstico basado en la práctica de simultanear experimentación, difusión y demostración, desarrollada en el contexto del marketing demostrativo (Tupperware, Avon o Herbalife), como estrategia para incluir a los usuarios en la experimentación con catálogos de productos evolutivos.

El proyecto resulta de la búsqueda de maneras de movilizar el capital empírico producido en el uso de la arquitectura. Utiliza técnicas de marketing demostrativo para conseguir una colaboración gradual entre aquellos grupos de personas que experimentan con la transformación de su casa, instigados por una institución arquitectónica, la TUPPER HOME.

TUPPER HOME es, en suma, un repertorio de componentes arquitectónicos que permiten por medio de prácticas combinatorias renovar y adaptar viviendas existentes a nuevas circunstancias, compensando la limitación espacial con la combinación de un aumento en el rango tecnológico y en la precisión del diseño. Con el objetivo de registrar y focalizar el capital empírico que las TUPPER HOMES producen, las mejoras e innovaciones de los componentes y de la forma de combinarlos – desarrolladas por los usuarios – se incorporan en nuevas versiones del catálogo, que se considera una versión beta permanentemente.

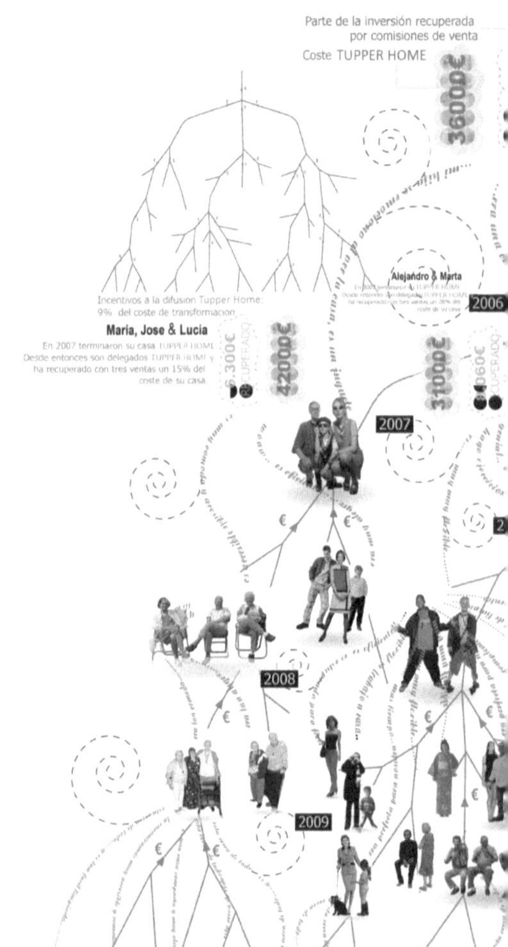

TUPPER HOME SOCIETY. GRASS ROOTS URBANISM

TUPPER HOME system is an alternative to strategic urbanism. A
interior of their homes and get connected by the collective eval

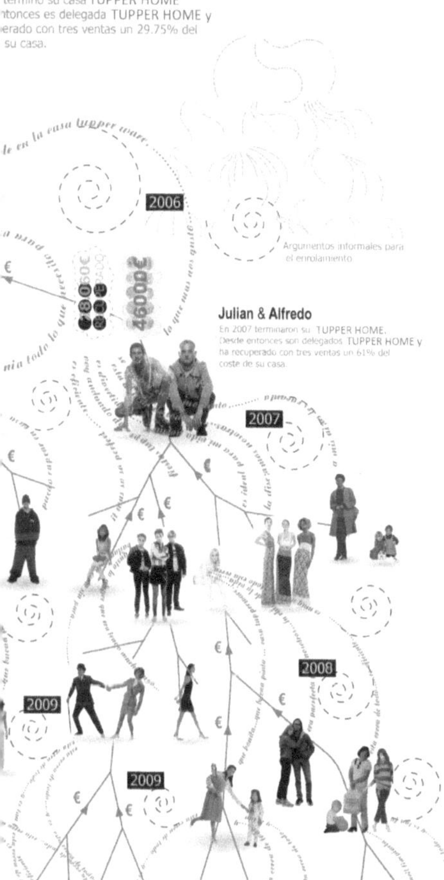

CALE IN HOUSE BY HOUSE INTERIOR REDECORATION

ople get together by experimenting the transformation of the
:ussion of their results.

© Miguel de Guzmán

ANDRÉS JAQUE · OFFICE FOR POLITICAL INNOVATION | TRANSMATERIAL

Axonométrica / Axonometric

ANDRÉS JAQUE

OFFICE FOR

POLITICAL INNOVATION

CALCULABLE

ANDRÉS JAQUE
OFFICE FOR POLITICAL INNOVATION

— Calculable

REALITY AS PEDAGOGY

ERNESTO SILVA
Profesor Asistente Adjunto / Adjunct Assistant Professor
Escuela de Arquitectura, Pontificia Universidad Católica de Chile

If academia does not anticipate the problems and challenges faced by the profession, it would probably have little relevance within the discipline. Oddly however, only a few architects have developed a pedagogy that explores the boundaries of the latter. Andrés Jaque is a member of that strange, fundamental group that implements radical pedagogies and develops a practice that not only understands design in its broadest possibilities but also encourages a debate that defines and studies everyday phenomena and their repercussions on architecture.

Jaque's pedagogical approach could be understood as a research project in itself, where theory is conceived as a design problem, and the study of the processes that generate a project, as a research opportunity. Through the analysis of existing and constantly changing contexts, the limits of everyday situations are explored.

These are ordinary and banal phenomena, in many cases not understood as designed architecture, but which inform – and are part of – a complex network of interactions where physical spaces, symbolism, technological devices, social circumstances, history and cultural phenomena are elements of a political environment that constitute a project in itself – one of both research and design possibilities.

The phenomena and subjects addressed in Jaque's studios introduce multiple layers of information – each of them seemingly banal and of little complexity – but that, when organized as components of a larger system, allow for discussions based on discoveries and their subsequent evolution in design rather than on ideas or conceptual preconceptions. This not only promotes design but also a new definition of what can be understood as an architectural project.

LA REALIDAD COMO PEDAGOGÍA

Si la academia no se adelantara a los problemas y desafíos de la profesión, probablemente tendría poca relevancia para la disciplina. Curiosamente, sin embargo, son escasos los arquitectos que desarrollan una pedagogía que explore los límites de esta. Andrés Jaque es parte de ese extraño y necesario grupo que lleva a cabo pedagogías radicales y que desarrolla una práctica que no sólo entiende el diseño en sus más amplias posibilidades, sino que genera una discusión que define y estudia los fenómenos cotidianos y sus repercusiones en la arquitectura.

El enfoque pedagógico de Jaque se puede entender como un proyecto de investigación en sí mismo, donde la teoría se concibe como un problema de diseño, y el estudio de los procesos que generan un proyecto como una oportunidad de investigación. Por medio del estudio de contextos existentes y en constante transformación, se exploran los límites de situaciones cotidianas.

Se trata de fenómenos ordinarios y banales, que en muchos casos no son clasificables como arquitectura diseñada, pero que informan – y son parte de – una compleja red de relaciones donde los espacios físicos, el simbolismo, los dispositivos tecnológicos, las condiciones sociales, la historia y los fenómenos culturales son parte de un ecosistema político que en sí mismo constituye un proyecto (de investigación y de posibilidades de diseño).

Los fenómenos y temas que se abordan en sus talleres presentan múltiples capas de información – aparentemente banales y de poca complejidad – pero que al organizarlas como componentes de un sistema mayor permiten plantear discusiones fundamentadas en lo descubierto y su posterior evolución de diseño en lugar de basarlas en ideas o preconcepciones conceptuales. Esto no sólo permite el diseño de proyectos, sino también una nueva definición de lo que podemos clasificar como proyecto.

In this redefinition, the performative condition and interaction between fragments are fundamental concepts, opening a field of study that goes beyond traditional notions of architecture, where projects are considered as part of an assemblage of negotiations and interactions between (material, technological, cultural and political) devices that frame everyday urbanism.

Fieldwork and the understanding of architecture as part of an urban system in constant transformation – immersed in everyday dynamics – are both the action frame and the research mode developed by Andrés Jaque, which enables the design of artifacts and devices that push the boundaries of both disciplinary issues and design methodologies.

If our daily relation systems are full of information, these can not only 'inform' society's phenomena but also constitute a complex catalog that allows further evolution into design proposals, together with an understanding of the possibilities of the ordinary as a tool to redefine disciplinary canonical premises.

Jaque's pedagogical project produces the basic material for understanding research strategies that, instead of departing from pre-established ideas, arise from discovering and associating existing information, questioning the boundaries of the architectural device and understanding urbanism as a system of situations, more complex and dynamic than the physically built. All this is achieved from apparently isolated phenomena, which are recognized instead as part of a complex information network.

En esta redefinición, es fundamental la condición performativa y la interacción entre fragmentos, abriendo un campo de estudio que va más allá de las nociones tradicionales de arquitectura, donde los proyectos se plantean como parte de un ensamblaje de negociaciones e interacciones entre dispositivos – materiales, tecnológicos, culturales y políticos – que conforman un urbanismo cotidiano.

El trabajo de campo y el entendimiento de la arquitectura como parte de un sistema urbano en constante transformación (e inmerso en dinámicas cotidianas), son el marco de acción y la forma de investigar que desarrolla Andrés Jaque, y que posibilita el diseño de artefactos y dispositivos que llevan al límite tanto los asuntos de la disciplina como sus metodologías de diseño.

Si nuestros sistemas de relaciones diarios están llenos de información, ellos no sólo pueden 'informar' fenómenos de nuestra sociedad sino también pueden constituir un complejo catálogo que permita una posterior evolución hacia propuestas de diseño y el entendimiento de las posibilidades de lo ordinario y cotidiano como herramienta para redefinir los temas canónicos de la disciplina.

Su proyecto pedagógico produce el material base para la comprensión de estrategias de investigación que, en lugar de partir de ideas pre-establecidas, surgen del descubrimiento y relación de la información existente, cuestionando los límites de un dispositivo arquitectónico y entendiendo el urbanismo como un sistema de situaciones que son más complejas y dinámicas que lo físicamente construido. Todo esto a partir de fenómenos que aparentemente son aislados, pero que se reconocen como parte de una compleja red de información.

ANDRÉS JAQUE
OFFICE FOR POLITICAL INNOVATION

— Calculable

Una versión previa fue publicada en: /
A previous version was published in:
Andrés Jaque, Office for Political Innovation.
"Architecture as Disputing Calculations:
Notes for a Pragmatic Reframing of
Parametricism and Architecture". In: *The
politics of parametricism: digital technologies
in architecture* / edited by Matthew Poole and
Manuel Shvartzberg. (London; New York:
Bloomsbury Academic, 2015).

CALCULABILITY
THE POLITICS OF ARCHITECTURAL ENACTMENTS

FIGURE 1 shows the enactment composed by the entities participating at a very specific moment in the making of a particular micro-society: an extended family that is a segment of a larger social construction, the Mouride Brotherhood. Part of the extended family lives in a farmhouse in Touba, Senegal. Another part of the family works and lives distributed between two European cities: Madrid and Paris. The economy and the welfare of the micro-society are based on the possibility of keeping those family members who are women, elderly, disabled or very young, in Touba, where their living expenses can be minimized, while having the young men in wealthier cities of European countries, where they can maximize their income by selling counterfeit products such as DVDs and fake Louis Vuitton bags. The image reconstitutes the most important entities that participated in a tiny event of great importance in 2010: the initial preparation for the future displacement of a male Touba-based teenage member of the family, in advance of his reinstallation in the Lavapiés district in Madrid; a process by which he would become an active contributor to the economy of the whole and by which he would gain adult status within a group highly shaped by gender, age, and health hierarchies. As part of a five-year project that the Office for Political Innovation has developed to systematically study more than one hundred cases of 'ordinary urbanisms', we have traced the relational extensions that happened in this particular moment.[1]

Lavapiés is composed of both long established social groups and recently landed immigrants. This combination is largely due to the effect of an extensive fragmentation in the ownership structure of the buildings in the neighborhood and the vast social transformations that the city of Madrid has experienced in recent decades. Wholesale facilities,

La FIGURA I recrea la puesta en escena que componen los sujetos y entidades participantes en un momento específico de la producción de una micro-sociedad particular: una familia extensa que a la vez es un segmento de una construcción social mayor, la Hermandad Mouride. Parte de esta extensa familia vive en una granja en Touba, Senegal. Otra parte reside y trabaja distribuida entre dos ciudades europeas: Madrid y París. La economía y el bienestar de esta micro-sociedad se basa en la posibilidad de mantener a algunos miembros de la familia – mujeres, ancianos, personas con discapacidad o muy jóvenes – en Touba, donde el costo de vida puede ser minimizado, mientras los varones jóvenes residen en las ciudades más ricas de los países europeos donde maximizan sus ingresos vendiendo DVDs o productos de imitación de marcas como Louis Vuitton. La imagen reconstituye a los principales actores participantes en un pequeño evento de gran importancia en 2010: la preparación inicial del desplazamiento de un adolescente de la familia que abandona la granja familiar en Touba, para instalarse en el barrio de Lavapiés en Madrid; un proceso por el cual se convertiría en un activo contribuyente a la economía del conjunto y a través del cual adquiriría el estatus de adulto dentro de un grupo fuertemente modelado por jerarquías de género, edad y salud. Como parte de un proyecto de investigación desarrollado por la Office for Political Innovation para estudiar de manera sistemática durante cinco años más de un centenar de casos de 'urbanismos ordinarios', hemos trazado las extensiones relacionales que ocurrieron en este momento en particular y en las formas de urbanismo que lo hicieron posible[1].

Lavapiés se compone de una amalgama de grupos sociales con diferentes permanencias, en el que las personas con una dilatada presencia conviven

tourist-oriented boutique hotels, refurbished apartment buildings, and a large number of deteriorating dwellings can now all be found within a short walking distance of each other. Since access by Senegalese nationals to countries like Spain and France is severely restricted, young Mouride men tend to arrive to Madrid or Paris as illegal immigrants. The subway is the place where the police most easily seize undocumented migrants. Lavapiés offers the possibility of accommodating all the activities that structure the life of the young Mouride males within easy walking distance: wholesale facilities (where ready-to-sell products such as DVDS or fake Louis Vuitton bags are available), tourist sites, and inexpensive deteriorated apartments (where illegal immigrants are likely to be accepted). Living in Lavapiés helps the Mouride males avoid the risk of police detention that the subway contains. The preparation sequence is sensitive to the need to solve language and orientation difficulties for the new immigrant upon arrival in Madrid or Paris. The presence of African grocery stores and Senegalese restaurants is vital to empower the Mouride community in Madrid, for it provides an entry to a public space where the knowledge and capacities of the Senegalese individuals are recognized and performed.

The sequence started the moment that one of the young boys living in the family farm in Touba decided to emigrate to Madrid. At this point, the family matriarch at the farmhouse in Touba called one of the males living in Madrid, an older cousin of the boy. The cousin did not answer his cell phone, but instead headed to a phone parlor where he could obtain better rates for international calls. There, he called the family matriarch to learn of the next arrival. He asked her to stress the need for the boy to walk all the way to either an African grocery store or a Senegalese restaurant in the Lavapiés district. The plan succeeded and several months later the young boy made his way to the African grocery store in Lavapiés where he found people who put him in touch with his relative. He then took a place in a shared apartment with his cousin and four other Mouride men.

It is important to consider the nature of the urban composition in which this event developed: not a city but a fragmented transnational

con grupos más recientes. Esta combinación se debe en gran medida a los efectos de una importante fragmentación en la propiedad en los edificios del barrio (en su mayor parte los propietarios poseen una única vivienda) y a las migraciones que la ciudad de Madrid ha experimentado en las últimas décadas. Las infraestructuras de venta al por mayor, los hoteles boutique orientados al turismo, los edificios de apartamentos remodelados y un gran número de viviendas deterioradas se encuentran ahora a poca distancia unos de otros. Dado que el acceso de ciudadanos senegaleses a países como España y Francia está severamente restringido, los jóvenes Mouride tienden a llegar a Madrid o a París como inmigrantes ilegales. El metro a su vez es el lugar donde la policía detiene más fácilmente a los inmigrantes indocumentados. Lavapiés ofrece la posibilidad de albergar todas las actividades que estructuran la vida de los jóvenes Mouride dentro de un radio acotado: locales de venta al por mayor (donde están disponibles productos listos para la venta como los citados DVDs o las falsas carteras Louis Vuitton), enclaves turísticos y apartamentos económicos (donde los inmigrantes ilegales pueden encontrar formas de acceder al alquiler). Vivir en Lavapiés ayuda a los hombres mourides a evitar el riesgo de detención policial que presenta el metro, sin perder la posibilidad de usar la calle como el escenario desde el cual mediar entre la oferta de productos y la demanda de regalos por parte de los turistas. El proceso de preparación requiere también dispositivos específicos con capacidad para resolver dificultades de idioma y orientación de inmigrantes recién llegados a Madrid o París. La presencia de supermercados africanos y restaurantes senegaleses juega un papel crucial en el empoderamiento de la comunidad Mouride en Madrid, ya que proveen acceso a un espacio público donde los saberes y las habilidades senegaleses son reconocidos y espacializados.

La secuencia comenzó en el momento en que uno de los jóvenes que vivía en la granja familiar de Touba decidió emigrar a Madrid. En este punto, la matriarca de la familia llamó desde la granja en Touba a uno de los varones que vivía en Madrid, un primo mayor del joven. El primo no respondió la llamada desde su teléfono móvil sino que se dirigió a un locutorio donde,

assemblage.[2] In this urban constellation, built devices – such as the apartments, mosque, phone parlors, African grocery stores, and Senegalese restaurants in Lavapiés – are activated in the urban scene only by interacting with a number of diverse technologies including cell phones, rugs, speakers, online platforms, and money transfer services. This urbanism is not shaped by the city itself – neither by its grid nor by the volumes and spaces its buildings create – but by an association of diverse devices that interact to produce an inter-scalar ecosystem of heterogeneous entities. Fragments of this constellation can be found in shared spaces collectively constructed in the minds and books of the Mouride believers. These fragments are connected by interaction and the performativity of urban dynamics. They gain continuity when phone calls are made, money transfers are ordered, and the relatives of recent immigrants are informed of arrivals. The urbanism by which the Mouride family is enacted is not fixed but performative.

Such an urbanism challenges the ways we think that politics is embodied in architecture. In recent years, this issue has compelled a number of theorists and practitioners to align themselves with one of two positions: 'techno-determinism' or 'techno-neutrality'. The determinists argue that the form of the city and its architectural conditions cause societies to emerge in the ways that they do. The neutralists, however, believe that architecture is a neutral actor that can potentially contain 'any' social form. In FIGURE 1, neither of these alternatives can be applied.[3]

There is not a single architectural device within the image that could alone produce the society depicted. The apartment where the six Mouride people lived could not create on its own the urbanism of everyday life performed in its interior. A vast range of devices collectively builds this fragmented-but-interacting urbanism, although it is also true that the designs of the individual architectures are not without agency. The dimensions of the apartment and its position on the street, for example, play significant roles in this particular urbanism. One of the spaces included in the image was once a domestic unit, but at the time

por medio de tarjetas telefónicas, podía acceder a tarifas más favorables. Desde allí llamó a la matriarca de la familia para informarse de la próxima llegada. Le pidió que enfatizara la necesidad de que el joven caminase hasta llegar a un supermercado africano o a un restaurante senegalés en el distrito de Lavapiés. El plan tuvo éxito y, varios meses después, el joven se dirigió al supermercado africano de Lavapiés donde encontró gente que le puso en contacto con su pariente. Entonces arrendó un lugar en un apartamento compartido con su primo y otros cuatro hombres Mouride.

Es importante considerar qué forma urbana es la que es capaz de acoger este evento de manera eficaz: no es una ciudad sino un ensamblaje transnacional fragmentado[2]. En esta constelación urbana los dispositivos construidos – como los apartamentos, la mezquita, los centros de llamados, los supermercados africanos y los restaurantes senegaleses en Lavapiés – se activan dentro de la escena urbana por medio de la interacción con un amplio rango de tecnologías diversas que incluyen teléfonos celulares, alfombras, altavoces, plataformas *on-line* y servicios de transferencia de dinero. Este urbanismo no está configurado por la ciudad propiamente dicha – su trazado, los volúmenes o los espacios que crean sus edificios – sino por una asociación de dispositivos diversos que interactúan para producir un ecosistema interescalar de sujetos y entidades heterogéneas. Fragmentos de esta constelación pueden encontrarse en los espacios compartidos construidos colectivamente en las mentes y los libros de los creyentes mourides. Estos fragmentos están vinculados por su interacción y por la puesta en práctica de una dinámica cotidiana específica. Adquieren continuidad y colaboran gracias a la mediación de llamadas telefónicas, de transferencias de dinero y de conversaciones telefónicas en los que se informa a los familiares sobre la llegada de los nuevos migrantes. El urbanismo en el cual la familia Mouride interactúa no es recintual sino performativo.

Este tipo de urbanismo desafía las formas en que creemos que la política se materializa en la arquitectura. En los últimos años, esta cuestión ha obligado a una serie de teóricos y profesionales a alinearse con una de dos posiciones: el 'tecno-determinismo' o la 'tecno-neutralidad'. Los deterministas

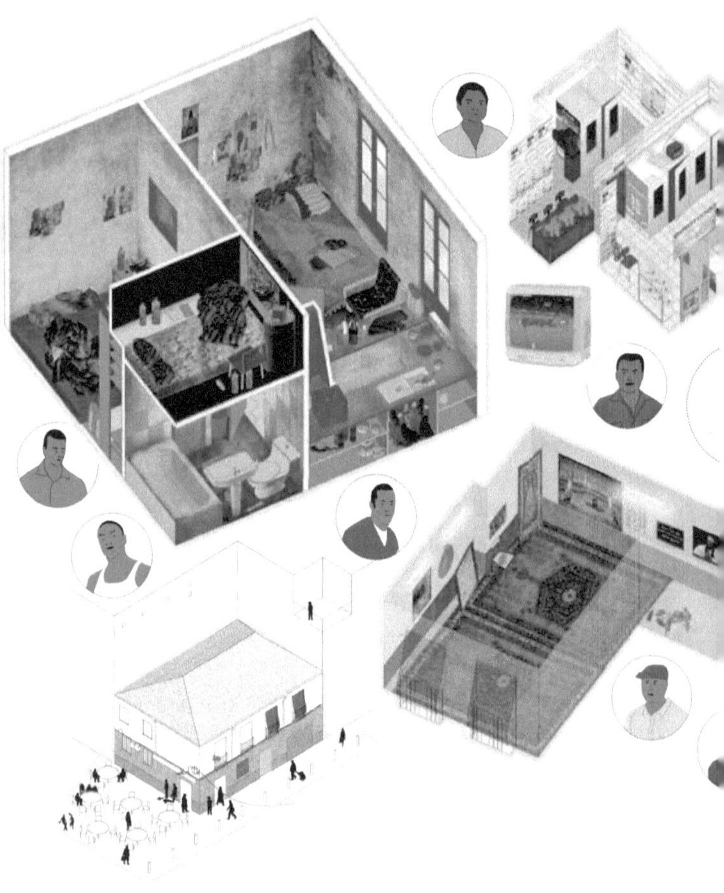

FIG 1: Reconstrucción del urbanismo de una familia extendida Mouride, distribuida entre París, Madrid y Touba. / Reconstruction of the urbanism of a Mouride extended family distributed between Paris, Madrid, and Touba (2010).

of our study functioned as a Mouride mosque. Conditions that catered to its evolved state made its reprogramming possible. The space was diaphanous, and its entrance did not disturb the tranquility of the main room. There is an autonomy in the agency of architecture in the apartment and in the domestic unit, as Aldo Rossi claimed, but it is not an absolute one. To become part of a Mouride urbanism, however, the apartment needed to engage in 'new technologies.' It became part of such a dynamic urbanism by housing books and minds inscribed within shared beliefs. It was transformed by the existence of hi-fi speakers and tapestries depicting holy sites. The political agency of architectural devices is shared. On the one hand there is the agency coming from the autonomy of the objects but it is shared and negotiated by the agency of the associative enactments they participate in. The potentials and limitations of each device interact with other entities and together construct a new form of agency.

Politics and construction are embodied not only in individual technologies or architectural devices, but in the interaction of their particular potentials as well.[4] When considering the intelligences that shape the interactions between different entities, the role played by calculation stands as a momentous factor, for it is through calculation that the members of the extended family are distributed into a discontinuous transnational accommodation. It is calculation of risk that demarcates the activities of the young displaced men within Lavapiés. It is the calculation of cost that shapes the composition of technologies and their sequential mobilization in the telephonic communications between the family matriarch in Touba and the cousin in Madrid. In these calculations, socio-geographies are coded in parameters of cost, earnings, duration and populations; and great numbers of alternative versions of these socio-geographies can be discussed and explored.

Each calculation was different. In the use of phone technologies, a significant amount of time-demanding work was invested in comparing existing telephone fees. Almost all the members of the family living in Madrid took part in these comparisons by consulting a broad variety of

sostienen que la forma de la ciudad y su contexto arquitectónico hacen que las sociedades surjan de la forma en que lo hacen. Los neutralistas, por otro lado, creen que la arquitectura es un actor neutro que potencialmente puede contener cualquier forma social. En la FIGURA I, ninguna de estas alternativas puede ser aplicada[3]. No existe ningún dispositivo arquitectónico dentro de la imagen que por sí solo pueda producir la sociedad investigada. El apartamento donde viven los seis jóvenes mourides no podría crear por sí mismo el urbanismo cotidiano que se practica en su interior. Es una amplia gama de dispositivos, tecnologías y plataformas la que construye colectivamente este urbanismo 'fragmentado pero en interacción'. Al mismo tiempo es cierto también que los diseños y las constituciones materiales de las arquitecturas (como el apartamento, el local del locutorio o el mismo barrio de Lavapiés) tienen una gran participación, aunque no única, en la manera en que se da el proceso. Por ejemplo, las dimensiones del apartamento y su posición en la calle son determinantes para que el proceso de reinserción sea posible. Uno de los espacios incluidos en la imagen fue alguna vez una unidad doméstica, pero en el momento de nuestro estudio albergaba una mezquita Mouride. Las características espaciales del antiguo apartamento son las que hicieron posible su reprogramación como mezquita. El espacio era diáfano, y su acceso no perturbaba la tranquilidad de la habitación principal. Existe una autonomía incrustada en la configuración espacial del apartamento, como señalaba Aldo Rossi, pero no es una autonomía absoluta. Para formar parte del urbanismo Mouride, el apartamento debió incorporar 'nuevas tecnologías' vitales en la configuración del urbanismo transnacional de la Hermandad Mouride. Sin considerar el papel arquitectónico y urbanístico desempeñado por los libros, altavoces y tapices con imágenes de enclaves sagrados de Touba, la inserción de la mezquita en una red de arquitecturas en proximidad (que incluían a los restaurantes y supermercados africanos de Lavapiés, así como el tejido de apartamentos compartidos por varones mourides distribuidos en diferentes ciudades europeas), además de las prácticas y performatividades que facilitaron el uso colaborativo de esta constelación tecnosocial, no sería posible entender los ajustes que mediaron

websites where information on telephone fees was provided in diverse formats. Comparison of this information required it to be recomposed. Data coming from different sources needed to be translated into common parameters to become comparable. The results were then discussed in informal conversations that engaged the whole community in an intermittent interaction that helped create a collective criteria that was applied in the specific telephonic conversation that I have referred to. Even though the principal aim of the collective endeavor of calculation was to reduce the operational cost of the micro-society – something that is obviously a central part of the constitution that keeps it together – other purposes were constructed by the collective calculation process. Competition between individuals to gain authority and prestige though the discussion, or to exclude themselves from the risk it embodied, made social distinctions between the roles that the individuals would play within the group. Updates to the calculations over time provided opportunities for those in the group less adapted to technologies and the practicalities of functioning in the city to be introduced to this knowledge by the more savvy ones. Calculation was in itself a collective activity that contributed to the evolution of the group.[5]

It is important to consider as well that the members of the extended Mouride family were not the only ones making calculations. For instance, the presence of the police in the subway was the result of a spatial calculation.[6] The linearity and unidirectionality of the subway routes, their capacity to concentrate people at peak hours, and the existence of security staff in most metro entrances made it possible for police agents to maximize their capacity to control a great number of people while minimizing their investment in failed attempts at detention. The fees of the telephone companies, just to provide another example, are the result of complex calculations meant to maximize the exploitation of their investment in infrastructural resources. These are calculations in which not only humans participate, but also machines and networks of non-humans that base their performativity in numerous complex calculations.

en la evolución en el uso y el comportamiento político de la unidad doméstica en su transformación de apartamento en mezquita. La agencia política de los dispositivos arquitectónicos es compartida. Por un lado, está la agencia que proviene de la autonomía de los objetos, de su configuración material, espacial y tecnológica; pero esta es compartida y negociada con la agencia de las redes asociativas en que participan tecnologías, entidades y mediaciones diversas, y de las que los objetos también participan. Los potenciales y las limitaciones de cada dispositivo interactúan con los de otras entidades y juntos dan lugar a tejidos tecnosociales heterogéneos.

La política se aloja en una permanente negociación entre los efectos y capacidades políticas de los objetos arquitectónicos, y los de la interacción temporal de estos con redes de entidades otras[4]. Al considerar las inteligencias que configuran las interacciones entre diferentes sujetos o entidades, el papel que desempeña el cálculo es un factor relevante, entre muchos otros. El cálculo permite en parte explicar cómo los miembros de la familia extensa quedaron distribuidos en un alojamiento transnacional discontinuo. El cálculo de riesgo contribuyó a seleccionar Lavapiés como el escenario que podría aglutinar las actividades de los jóvenes inmigrantes en un entorno que podía ser recorrido a pie, y por tanto alejado del riesgo de detención de la red de metro. El cálculo de costos contribuyó a definir la manera de organizar las comunicaciones telefónicas entre la matriarca de Touba y el primo de Madrid. En estos cálculos, las socio-geografías quedan codificadas en parámetros de costos, ganancias, duración y poblaciones; y discutir y explorar sus alternativas es en parte la actividad que mantiene estos urbanismos unidos. Tal como pudimos observar, en el uso de las tecnologías de telecomunicación, los miembros de la Hermandad invirtieron una cantidad significativa de horas de trabajo comparando las tarifas telefónicas disponibles. Casi todos los miembros de la familia radicados en Madrid participaron de estas comparaciones, consultando una amplia variedad de sitios web en los que se proporcionaba información sobre tarifas en diversos formatos. Los datos procedentes de diferentes fuentes debían traducirse a un lenguaje común, fijado en cuadernos escritos a mano, que

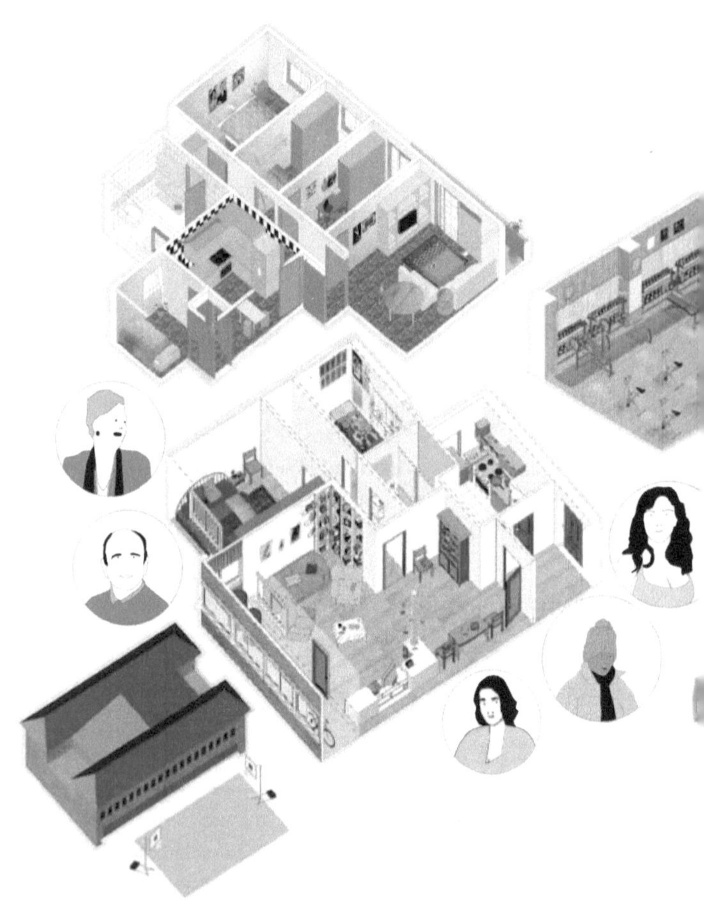

FIG 2: Reconstrucción del urbanismo de un grupo familiar compuesto por una madre, su hijo y una serie de seres humanos y dispositivos distribuidos entre Londres y Valdemoro. / Reconstruction of the urbanism of a family group composed by a mother, her son, and a number of humans and devices distributed between London and Valdemoro (2012).

Even though the calculations that the telephone companies and police exist by are not included in the image, they are an essential part of the enactment. The design of the enactment – the way in which the participating entities are composed by the performance that they all take part in – is a direct reaction to these other calculations and to the techno-social designs they produce.

In FIGURE 2, a single mother and her ten-year-old son live on the outskirts of the city in a rented apartment on the same block as the mother's parents, who can take care of the son while the mother works. Such a relational scheme shapes the way the mother emerges as a component of urban life. This urbanism allows her to use social media sites such as 'Match.com' where she develops affectionate relationships, and to use her parents' apartment in Madrid's city center, where her online sexual relationships become offline sexual encounters. Even though she would have preferred to live in the city center, by living close to her parents she reacts and becomes part of the ecosystem of calculability that shapes real estate pricing by reducing her need for babysitting, reducing her living expenses, and still keeping her career active and competitive. The mother made her decision after a deliberative process in which she discussed alternative scenarios and the economical schemes they activated by combining real estate market information and conversations with a number of friends and relatives. This process could be explained as a continuous collective calculation – among both humans and non-humans – in which each imagined scenario would be reconstructed as a combination of values associated to comparable parameters. Her decision to move to her parents' block did not facilitate the development of an active and changing sexual social life, a sexual life she could not easily accommodate in a residential location on the outskirts of the city, far from nightlife, bereft of spontaneous opportunities for her to find potential lovers. The use of digital technologies here plays a crucial role. Digital technologies produce a space of negotiation in which her daily urbanism could expand and gain multiplicity. When considered in detail, the profiling and negotiation

permitiesen la comparación. Los resultados fueron luego discutidos en conversaciones informales, involucrando a toda la comunidad en una interacción intermitente que ayudó a crear un criterio colectivo, aplicado luego en la conversación telefónica específica a la que me he referido. A pesar de que el objetivo principal del esfuerzo colectivo de cálculo era reducir el costo operacional de la micro-sociedad – algo que es obviamente una parte central de la constitución que la mantiene unida – otros propósitos se cimentaron en el proceso. La competencia entre individuos para ganar autoridad y prestigio a través de la discusión, o para abstenerse del riesgo que esta constituía, marcó distinciones sociales entre los diversos roles que los individuos interpretarían dentro del grupo. La actualización de los cálculos a lo largo del tiempo brindó, a aquellos miembros del grupo menos adaptados a las tecnologías y los aspectos prácticos del funcionamiento en la ciudad, oportunidades de ser introducidos en este saber por parte de aquellos más preparados. El cálculo fue en sí mismo una actividad colectiva que contribuyó a la evolución del grupo[5].

Es importante considerar también que los miembros de la familia extensa mouride no eran los únicos haciendo cálculos. Por ejemplo, la presencia de la policía en el metro era el resultado de un cálculo espacial[6]. La linealidad y la unidireccionalidad de las rutas del metro, su capacidad para concentrar personas durante las horas punta, y la existencia de personal de seguridad en la mayoría de sus accesos permitieron a los agentes policiales maximizar su capacidad para controlar a una gran cantidad de personas, reduciendo el gasto relacionado con intentos de detención fallidos. Las tarifas de las compañías telefónicas, por poner otro ejemplo, son el resultado de cálculos complejos destinados a optimizar el costo en alquiler de redes de telecomunicaciones. Se trata de cálculos en los que no sólo participan seres humanos sino principalmente sistemas digitales que basan su funcionamiento en un sinnúmero de cálculos complejos.

En la FIGURA 2, una madre y su hijo de diez años viven en las afueras de la ciudad en un apartamento alquilado en la misma manzana en que residen los padres de la madre, que cuidan al hijo mientras ella trabaja.

processes leading to potential sexual encounters happening in the online space of 'Match.com' could be described as processes of collective calculation. Profiles reconstruct humans as collections of parametrical options. Age, height, income, distance, urgency, and availability for sex or romance are parametricized as decisive information to be considered when selecting and negotiating potential partners. Digital mediation however does not provide an automatic outcome, but a frame for a tentative trial-and-error dynamic, likely to accumulate conflict, politics, failure, and accident. This second case shows how, when performed in real life, calculations are interdependent. There is never a single calculation but an urbanism of calculabilities. Digital technologies in this case did not make analog calculation obsolete – for example, when the mother discussed her options with friends. Both technologies were assembled in this urban enactment and they had an interdependent performance.

Both the case of the single mother and that of the Mouride group contain designed architectures, such as the mosque, apartments, telephone parlors, and the family farm in Touba. These spaces are not just architectures containing the intentions of their first designers, but ones in which calculative social endeavors shape trajectories by which they become urban enactments. These two cases are made by parametric calculations, but whereas it is most common to find arguments presenting parametricism in architecture as both a new archi-social paradigm and as a 'new' modernism, in these two accounts there is no way to define a breakthrough between pre-existing pre-parametric enactments and parametricized ones. The possibilities and the potentials these enactments make available are based neither on the autonomy of new digital speeds and bandwidth for calculation, nor on their discontinuity with obsolete pre-digital calculation modes. These enactments are instead compositions of varied modes of calculation based on diverse technologies, times and demarcations. Digital calculation, in these cases, is not an advanced version of previous modes of calculation, but one among a number of diverse technological and epistemological regimes.[7] The persistence of

 ANDRÉS JAQUE · OFFICE FOR POLITICAL INNOVATION | CALCULABLE

Este modelo relacional configura la forma en que la madre emerge como un componente de la vida urbana. El uso de plataformas de contactos como Match.com, permite a la madre desarrollar relaciones afectivas *on-line* que ocasionalmente favorecen reuniones *off-line* que, de vez en cuando, incluyen encuentros sexuales en un apartamento propiedad de sus padres en el centro de Madrid. A pesar de que la madre hubiera preferido vivir en el centro de la ciudad, residir cerca de sus padres le permite reducir el gasto en alquiler, disminuir la necesidad de ayuda externa remunerada en el cuidado de su hijo, e incluso mantener su carrera profesional activa y competitiva, con la posibilidad de asistir a congresos profesionales durante los fines de semana, sin poner en peligro su economía. La madre tomó su decisión después de un proceso deliberativo en el que discutió escenarios alternativos con distintos amigos y familiares. Este proceso podría entenderse como un cálculo colectivo (tanto humano como no-humano). La decisión de trasladarse a la manzana de sus padres no le facilitó el desarrollo de una vida social sexual activa y variada, una vida sexual que no podía adecuar con facilidad a un ámbito residencial en las afueras de la ciudad, lejos de la vida nocturna y desprovisto de oportunidades espontáneas para encontrar potenciales amantes. Aquí, el uso de tecnologías digitales juega un papel crucial. Ellas producen un espacio de negociación en el cual su urbanismo cotidiano puede expandirse y adquirir variabilidad. Cuando se consideran en detalle, los procesos de *profiling* [perfilamiento] y de negociación que conducen a potenciales encuentros sexuales, tal como ocurren en el espacio virtual de Match.com, podrían ser descritos como procesos de cálculo colectivo. Los perfiles reconstruyen a los seres humanos como colecciones de opciones. La edad, la altura, los ingresos, la distancia, la urgencia y la disponibilidad para el sexo o el romance se presentan como la información que orienta la elección. Sin embargo, la mediación digital no proporciona un resultado automático, sino un marco para una dinámica tentativa de prueba y error, susceptible de acumular conflictos, políticas, fracasos y accidentes. Nunca existe un único cálculo, sino un urbanismo de cálculos. Las tecnologías digitales en este caso no dejaron obsoleto el cálculo analógico, por ejemplo, en el momento

these diverse regimes is not a residual part of an evolution process that will lead to the extinction of non-digital technologies. The social relevance of digital technologies is produced by their interaction with resilient non-digital technologies.

In these two cases, in which a complex and steady number of parametric calculative forces participate in the making of specific urban enactments, it would be quite inaccurate to say that fixed volumetric form alone is what they 'produce'. To start with, the term 'produce' could much better be replaced by 'mobilize', and it is definitively a number of diverse social realities – the relationship of a mother with her son, the demarcation of people within a city environment, the way online and offline spaces negotiate continuities and discontinuities – that are enacted by the effect of the calculations experienced by these two archi-societies.

Finally, whereas quantification has been the argument to insistently claim the disconnection of architecture from politics, and even to be the first step towards post-political architectural practices, in the account of these specific cases, quantification does not generate space of convergence and does not provide social coherence. Calculation-made enactments are hosted by different and evolving social demarcations, performed in desynchronized time sequences, and cater to diverse and, in many cases, conflicting interests, ideologies, sensitivities, stakes, and programs. Parametric calculation, in these cases, does not provide a consensus or a post-political society, but rather an urbanism of diverse mathematics. Politics are materially embodied in the articulation of the confronting calculations. It is precisely heterogeneity that was brought into the Mouride enactment by the intense calculative endeavors that the family performs daily. Heterogeneity was needed, in the form of a multiple demarcation, as a way to adapt to the lack of welfare opportunities in a purely Touba-located scheme. The digitalization of the space for romance did not bring homogeneity to the mother's life, but actually exposed her to a broader capacity to encounter otherness, which affected the

en que la madre discutía las opciones con sus amigos. Ambas tecnologías se ensamblaron en esta puesta en escena urbana de interdependencias.

Las historias de la madre soltera y del del grupo mouride no podrían contarse sin detallar la participación que en ellas tienen objetos arquitectónicos específicos, como la mezquita, los apartamentos, los locutorios, la granja familiar en Touba o el bloque de viviendas en la periferia de Madrid. Estas arquitecturas no sólo encarnan y ponen en juego las intenciones de sus diseñadores iniciales, sino las capacidades que sus propias materialidades incorporan, e incluso las trayectorias tecnosociales de las que forman parte. En ambos casos la calculabilidad conecta la agencia propia de los objetos con las de las redes de las que forman parte. Es común encontrar argumentos que presentan el parametricismo en arquitectura como un nuevo paradigma arquitectónico-social y a la vez como un 'nuevo' modernismo, sin embargo dichas tesis se muestran sociológicamente desinformadas ante el conocimiento que ofrecen los casos de los mourides y de la madre y su hijo.

El cálculo digital, en estos casos, no es una versión avanzada de los modos de cálculo previos, sino uno entre una variada cantidad de regímenes tecnológicos y epistemológicos[7]. La persistencia de estos diversos regímenes no es el aspecto residual de un proceso de evolución que conduciría a la extinción de las tecnologías no digitales. Más bien la relevancia social de las tecnologías digitales se genera gracias a su interacción con las tecnologías no digitales resilientes.

En estos dos casos, en los que una cantidad compleja y permanente de fuerzas de cálculo participan en la elaboración de interacciones urbanas determinadas, sería muy inexacto decir que una forma volumétrica fija es el único resultado que 'producen'. No 'producen' sino que 'movilizan', y es en definitiva una serie de diversas realidades sociales – la relación de una madre con su hijo, la demarcación de personas dentro de un entorno urbano, la forma en que los espacios en línea y fuera de ella negocian continuidades y discontinuidades – las que son afectadas por el efecto de los cálculos que experimentan estas dos arqui-sociedades.

heterogeneity of her family's ecosystem. The increase of the calculation capacity brings otherness and politics into the system, not homogeneity or continuity.

Por último, mientras la cuantificación ha sido el argumento para insistir respecto de la desconexión entre arquitectura y política (siendo incluso el primer paso hacia prácticas arquitectónicas post-políticas), a la luz de estos casos específicos puede observarse que la cuantificación no genera espacios de convergencia y no proporciona coherencia social. Las acciones basadas en cálculos son impulsadas por demarcaciones sociales diferentes y en constante evolución, desarrolladas en secuencias temporales des-sincronizadas y atendiendo a intereses, ideologías, sensibilidades, apuestas y programas diversos y, en muchos casos, enfrentados. El cálculo, en estos casos, no estará entregando consenso ni una sociedad post-política, sino más bien un urbanismo de matemáticas diversas. Es precisamente la heterogeneidad lo que favorece el urbanismo transnacional mouride. La heterogeneidad de la demarcación múltiple es la estrategia de adaptación frente a la imposibilidad de encontrar confort en una demarcación única en Touba. La digitalización del espacio del sexo introdujo a la vida de la madre una capacidad ampliada que inyectó heterogeneidad en su ecosistema familiar. Un acceso distribuido a la capacidad de cálculo no trajo, en ninguno de los casos, ni homogeneidad ni continuidad, sino alteridad y acción política.

NOTES

1 — "Modes of Living", an interviews-based ethnography of contemporary domesticities developed by the Office for Political Innovation with the support of the Empresa Municipal de la Vivienda de Madrid and the European Union. The study cases mentioned in this text are all part of the "Modes of Living" project. Part of the conclusions of this research were exposed in: Jaque, Andrés. "Urban Enactments", *A+U Architecture and Urbanism*, No. 520, [JAP/ENG] 2014 (Japan).

2 — These assemblages can be described through the methodological corpus of the Actor-Network Theory. Latour, Bruno. "Technology is Society Made Durable", in J. Law (ed.). *A Sociology of Monsters: Essays on Power, Technology and Domination*. Sociology Review Monograph 38. London: Routledge, 1991. Also Latour, Bruno. *Reassembling the Social: An Introduction to Actor-Network-Theory*. Oxford: Oxford University Press, 2005.

3 — A broad argumentation on the participation of material devices discussed in the last years can be found in Marres, Noortje. "As if Things Mattered", *Material Participation. Technology, the Environment and Everyday Publics*. Houndmills, UK: Palgrave Macmillan, 2012.

4 — As it was already exposed in the foundational work Garfinkel, Harold. *Studies in Ethnomethodology. Englewood Cliffs*, NJ: Prenctice-Hall, 1967; Oxford: Polity Press, 1984.

5 — The way calculation is understood in this text as a socially situated activity, following the way the calculability of goods was examined in Callon, Michel; Muniesa, Fabian. "Peripheral Vision. Economic Markets as Calculative Collective Devices", *Organization Studies* 26, No. 8 (2005): 1229-50.

6 — During the first months of 2010, the *Periodico Diagonal* journalist Eduardo León carried out an extensive report on the use Madrid's police did of subway to detect and detain immigrants without residence permission. These police practices have prompted the reaction of a part of the Lavapiés' population, as has been repeatedly reported in the press: Medina, Miguel Ángel; Barroso, F.J. "Los vecinos de Lavapiés vuelven a encararse con la policía para evitar una detención". *El País*, Madrid, 07.12.2011.

NOTAS

1 — "Modes of Living" es una etnografía de la domesticidad contemporánea basada en entrevistas, desarrollada por Office for Political Innovation con el apoyo de la Empresa Municipal de la Vivienda de Madrid y la Unión Europea. Los casos de estudio mencionados en este texto forman parte de dicho proyecto. Parte de las conclusiones de esta investigación fueron expuestas en: Jaque, Andrés. "Urban Enactments", *A+U Architecture and Urbanism*, No. 520, [JAP / ENG] 2014 (Japón).

2 — Estos ensamblajes pueden describirse a través del corpus metodológico de la Teoría del Actor-Red [Actor-Network Theory]. Latour, Bruno. "Technology is Society Made Durable", en J. Law (ed.). *A Sociology of Monsters: Essays on Power, Technology and Domination*. Sociology Review Monograph 38. London: Routledge, 1991. Ver también Latour, Bruno. *Reassembling the Social: An Introduction to Actor-Network-Theory*. Oxford: Oxford University Press, 2005.

3 — Una amplia argumentación sobre la participación de los dispositivos materiales discutida en los últimos años puede encontrarse en "As if Things Mattered", *Material Participation. Technology, the Environment and Everyday Publics*. Houndmills, UK: Palgrave Macmillan, 2012.

4 — Como ha sido ya expuesto en el trabajo fundacional de Garfinkel, Harold. *Studies in Ethnomethodology*. Englewood Cliffs, NJ: Prenctice-Hall, 1967; Oxford: Polity Press, 1984.

5 — La forma en que se entiende en este texto la noción de cálculo como una actividad situada socialmente, sigue la manera en que se examina la capacidad de cálculo de los bienes en Callon, Michel; Muniesa, Fabian. "Peripheral Vision. Economic Markets as Calculative Collective Devices", *Organization Studies* 26, No. 8 (2005): 1229-50.

6 — Durante los primeros meses de 2010, el periodista del *Periódico Diagonal* Eduardo León llevó a cabo un extenso informe sobre el uso que hacía la policía de Madrid del metro para detectar y detener inmigrantes sin permiso de residencia. Estas prácticas policiales provocaron la reacción de una parte de la población del barrio de Lavapiés, tal como fue recogido reiteradamente por la prensa: Medina, Miguel Ángel; Barroso, F.J. "Los vecinos de Lavapiés vuelven a encararse con la policía para evitar una detención". *El País*, Madrid, 07.12.2011.

7 — Both cases (the Mouride distributed
domesticity and the single mother's
composition) are recent examples
of complex material design of the
urban of great relevance in the
making of social advance. Their
capacity to compete and provide
an alternative to dominant powers,
such as the immigration policies of
the u.s. or the real estate market
in Madrid, depends on their use of
combined technologies, and it is not
weakened by their disregard to some
of the foundational technologies
of Parametricism. This makes them
dissidents of some of the notions on
which Parametricism is grounded:
"The current stage of advancement
within Parametricism relates as much
to the continuous advancement
of the attendant computational
design technologies as it is due to
the designer's realization of the
unique formal and organizational
opportunities that are afforded.
Parametricism can only exist via
sophisticated parametric techniques.
Finally, computationally advanced
design techniques like scripting
(in Mel-script or Rhino-script) and
parametric modeling (with tools like
GC or DP) are becoming a pervasive
reality. Today it is impossible to
compete within the contemporary
avant-garde scene without mastering
these techniques." Schumacher, Patrik.
"Parametricism as Style - Parametricist
Manifesto", London, 2008. Presented
and discussed at the Dark Side Club,
11th Architecture Biennale, Venice
2008.

   ANDRÉS JAQUE · OFFICE FOR POLITICAL INNOVATION | CALCULABLE

7 —   Ambos casos expuestos (la
domesticidad distribuida Mouride y
la composición de la madre soltera)
son ejemplos recientes de un diseño
urbano material y complejo, de gran
relevancia en la producción de ascenso
social. Su capacidad para competir y
ofrecer una alternativa a los poderes
hegemónicos, como las políticas de
inmigración de los Estados Unidos o
el mercado inmobiliario de Madrid,
depende de su uso de tecnologías
combinadas y no se ve debilitada por
su desconocimiento de algunas de
las tecnologías fundamentales del
Parametricismo. Esto los convierte
en disidentes de algunas de las
nociones sobre las que se funda el
Parametricismo: "La etapa actual de
progreso dentro del Parametricismo
se relaciona tanto con el avance
continuo de las tecnologías de diseño
asistido por computadora como con la
realización por parte del diseñador de
la organización formal y organizativa
dentro de las oportunidades que
se ofrecen. El parametricismo sólo
puede existir a través de técnicas
paramétricas sofisticadas. Por
último, las técnicas avanzadas de
diseño computacional como el
scripting (en Mel-script o Rhino-
script) y el modelado paramétrico
(con herramientas como GC o DP) se
están convirtiendo en una realidad
omnipresente. Hoy en día es imposible
competir en la escena de la vanguardia
contemporánea sin dominar estas
técnicas". Schumacher, Patrik.
"Parametricism as Style - Parametricist
Manifesto", Londres, 2008. Presentado
en el Dark Side Club, 11ª Bienal de
Arquitectura, Venecia 2008.

www.ingramcontent.com/pod-product-compliance
Lightning Source LLC
LaVergne TN
LVHW042157190726
843493LV00006B/1713